SUPPEN FÜR SYRIEN

Barbara Abdeni Massaad

SUPPEN FÜR SYRIEN

80 LIEBLINGSREZEPTE AUS ALLER WELT

Mit einem Vorwort von
RAFIK SCHAMI

DUMONT

100% der Erlöse dieses Buches gehen an Schams e.V.

Zweite Auflage 2017

Die englischsprachige Originalausgabe erschien 2016 bei Interlink Publishing Group unter dem Titel *Soup for Syria. Recipes to Celebrate Our Shared Humanity*

Text und Fotografien © 2016 Barbara Abdeni Massaad
mit Ausnahme von S. 9, 38, 89, 143, 154
Rezepte © 2016 jeweilige Autoren
Design Pascale Hares

Deutsche Ausgabe
Übersetzung Sofia Blind
Lektorat Julia Bauer
Verlagskoordination Marisa Botz
Layout Birgit Haermeyer
Umschlag Denise Albrecht, Birgit Haermeyer
Druck und Verarbeitung Canale & C. S.p.A., Borgaro Torinese

Printed in Italy

ISBN 978-3-8321-9925-8
www.dumont-buchverlag.de

Für die Genehmigung zum Abdruck von Rezepten danken wir:
S. 30: © Jane Hughes, 2013, *The Adventurous Vegetarian,* New Internationalist
S. 36/37: © Anthony Bourdain 2004, *Anthony Bourdain's Les Halles Cookbook,* Bloomsbury Publishing Plc
S. 39, 82: © Sheilah Kaufman and Nur Ilkin, 2012, *The Turkish Cookbook,* Interlink Publishing
S. 44: © Elisabeth Raether 2015, *ZEITmagazin,* Zeitverlag Gerd Bucerius GmbH & Co. KG
S. 68: © Sally Butcher 2007, *Persia in Peckham,* Prospect Books
S. 71: © Mark Bittman 2014, *How to Cook Everything Fast,* Houghton Mifflin Harcourt
S. 158: © Troth Wells 2011, *One World Vegetarian Cookbook,* Interlink Publishing

Bildnachweis
Umschlagabbildung: © fotolia.com/picksell
S. 9: © 2016 Arne Wesenberg; *S. 38:* © fotolia.com/Jan-Dirk;
S. 89: © fotolia.com/nolonely; *S. 143:* © fotolia.com/sonyakamoz;
S. 154: © fotolia.com/TwilightArtPictures

Inhalt

»Als ich die syrischen Flüchtlinge im Libanon besuchte, sagte ich zu ihnen: »Wenn ich Friseurin wäre, würde ich euch kostenlos die Haare schneiden. Weil ich Kochbuchautorin und Fotografin bin, werde ich durch meine Arbeit versuchen, zu helfen wie ich kann.«
Barbara Abdeni Massaad

»Suppen für Syrien ist vielleicht eines der eindringlichsten Bücher überhaupt. Durch ihre Fotos und die Rezepte, die sie gesammelt hat, knüpft Barbara Massaad eine direkte Verbindung zwischen uns und einem Volk, das unsere Hilfe braucht. Schon dieses Buch in der Hand zu halten, ist Nahrung für die Seele.«
Jim Clancy, ehemaliger CNN-Korrespondent und Moderator, Träger des A.H.-Boerma-Preises für Berichterstattung über Ernährungs- und Hungerthemen der UN-Welternährungsorganisation FAO

»Suppe ist ein unübertrefflicher Seelentröster, Krieg nicht. Suppen für Syrien verrührt beides sanft miteinander: Eine Vielzahl tröstlicher Schnellrezepte von bekannten Kochbuchautoren und Köchen teilt sich die Seiten mit einer Vielzahl von Gesichtern – viele davon lächelnd, alle mit offenem Blick – der syrischen Flüchtlingskrise. Diese sehr persönlichen Fotos erinnern uns behutsam an die Trostlosigkeit außerhalb unserer eigenen Küche; die Rezepte geben uns die Gelegenheit, mit einer globalen Sammlung von Suppenideen zu experimentieren… Während wir diese Rezepte genießen, beten wir dafür, dass auch die Syrer eines Tages wieder in ihrer eigenen Küche bei einer Schüssel Suppe zusammensitzen werden.«
Alia Yunis, Filmemacherin und Autorin des Romans »Feigen in Detroit«

Rafik Schami

Eine Suppe tröstet

Von einer Idee, die Grenzen überwand

Meine Mutter pflegte immer etwas mehr zu kochen, als wir essen konnten, und wenn wir sie fragten, weshalb sie es so gut meine, lachte sie. »Vielleicht kommt ein Gast, der sich freut, wenn er mit uns essen kann«, sagte sie. Und fast immer kam ein Gast, selbstverständlich unangemeldet. Wir brachten ihm einen Teller und er setzte sich zu uns und aß mit. Selten blieb etwas übrig, denn wenn das Essen besonders gut war, schickte meine Mutter uns mit einer anständigen Portion zu Onkel Salim, einem alten Witwer. »Mutter lässt dich grüßen«, bat sie uns auszurichten. »Könntest du bitte kosten, ob Salz oder Pfeffer fehlt?«

Der Kutscher lachte, kostete ein Häppchen und rief jedes Mal: »Es schmeckt exzellent. Gott segne die Hände eurer großzügigen Mutter.« Ich kannte den Satz schon auswendig.

Auch die anderen Frauen im Hof brachten dem Kutscher immer wieder eine Portion ihrer Mahlzeiten und stellten ihm ganz ähnliche Fragen. Er war arm und stolz. Er konnte fantastisch erzählen, aber nicht kochen.

Eines Tages sagte eine Nachbarin, der Gast sei bei ihr ein gefangener Prinz. Er würde auf Händen getragen, aber er solle in allem dem Gastgeber folgen. Meine Mutter schüttelte den Kopf. »Mein Gast ist weder ein König noch ein Prinz, und gefangen ist auch niemand bei mir, die Tür steht immer offen. Der Gast ist ein Heiliger, und wenn er bei mir zufrieden ist, segnet er mein Haus.« Einige unserer Gäste sahen aber nicht gerade heilig aus. »Und was ist, wenn der Gast der Teufel wäre?«, fragten wir frech.

»Das kann manchmal der Fall sein, aber der Teufel hat das beste Gedächtnis, und wenn er sich bei euch wohlfühlt, wird er euch gut behandeln, falls ihr bei ihm landet.«

Sie ließ sich nicht beirren.

Gastfreundschaft ist ein zentraler Bestandteil der arabischen Kultur, weil die Wüste, in der diese Kultur ihre Anfänge hatte, lebensfeindlich war und ist. Nichts auf der Welt war für Araberinnen und Araber verhasster als Geiz, weil er in der Wüste für den Hilfsbedürftigen lebensgefährlich ist. Der große Gelehrte Al Dschahiz (776–868) hat die Geizigen in seinem berühmten satiri-

schen Buch *Kitab al-Buhalā'* (»Buch der Geizkragen«) entlarvt und lächerlich gemacht. Manch berühmte Person seiner Zeit hat er sogar namentlich genannt. Und das fast achthundert Jahre vor Molière.

Gastfreundschaft stand ganz oben auf der Liste der arabischen Werte und Tugenden. Das erklärt, warum die Beduinen den Fremden quasi suchten, indem sie das Feuer die ganze Nacht hindurch lodern ließen, damit er zu ihnen kam. Wenn die Nacht stürmisch war, banden sie ihre Hunde im Freien an, damit der Fremde das Bellen hörte und in der Dunkelheit den Weg zu den Zelten fand.

Legenden über Legenden dieser märchenhaften Gastfreundschaft der Beduinen haben wir in der Schule gelesen.

Durch die Wüste haben die Beduinen lange vor den monotheistischen Religionen verinnerlicht, Fremden zu helfen, weil sie sich in ihnen wiedersahen. Jeder Nomade wusste, beim nächsten Sandsturm, im nächsten Krieg oder wenn der Weg wieder einmal verloren war, konnte er zum Fremden in der Wüste werden, der in den Häusern oder Zelten eines Stammes die rettende Zuflucht sah. So behandelte er einen Fremden, wie er selbst behandelt werden wollte.

Nur dort, in der unwirtlichen, kargen Umgebung konnte eine der schönsten Erfindungen des menschlichen Geistes aufblühen: *das Gastrecht.* Es legt fest, den Fremden drei Tage zu bewirten und zu beschützen, bis er zu Kräften kommt. Ein Moralkodex regelte die Beziehung zwischen Gastgeber und Gast. Dieser Kodex schrieb beiden Seiten Rechte und Pflichten vor. Es findet sich darin allerdings auch das eine oder andere Kuriosum, das heute veraltet erscheint, damals aber notwendig war, um eine klare und nüchterne Beziehung zum Fremden aufzubauen. Eine Beziehung, die Bestand hatte und nicht gleich zerbrach, wenn Einwände gegen den Fremden erhoben wurden, oder auch wenn sich der Fremde ein Vergehen zuschulden kommen ließ.

So sah der Moralkodex für den Fremden eine vierstufige Metamorphose vor:

1. Ein Fremder löst bei seinem Erscheinen zwei konkurrierende Gefühle aus, die dem Überleben des Menschen (oder der Tiere) dienen: Angst und Neugier.
2. Erweist sich die Angst als unbegründet, so wird der Fremde wie ein Prinz empfangen. Ein freundliches Lächeln und eine schöne Begrüßung sind Pflicht des Gastgebers. Dem Fremden sollen Ruhe und Frieden entgegengebracht werden. Dem Gast zu dienen stellt diesem Kodex nach keine Erniedrigung dar, sondern ist ein Zeichen von Souveränität.
3. Ist der Fremde nun als Gast im Haus oder Zelt des Gastgebers aufgenommen, so ist er ein vornehmer Gefangener, der dem Gastgeber Folge leistet, weder Kritik übt noch Streit sucht und gegenüber den Angehörigen des

Gastgebers keine positiven oder negativen Gefühle zeigt. Außerdem isst und trinkt er alles, was man ihm auftischt.
4. Nach Beendigung des Besuchs wird der Gast zum Erzähler, der Lob oder Tadel über den Gastgeber ausspricht. Das ist Pflicht des Gastes.

Das alles ist inzwischen fast vollkommen verschwunden, auch wenn die Freundlichkeit dem Gast gegenüber geblieben ist.

Die Geschichte zeigt, dass Diktaturen nicht nur Menschen und Ressourcen vernichten, sondern auch jahrtausendealte großartige Sitten und Gebräuche, darunter eben auch die Gastfreundschaft. Denn in Diktaturen ist man nicht einmal mehr bei den nächsten Menschen sicher: Nachbarn, Verwandte und Freunde bespitzeln einander, selbst Kinder bespitzeln ihre Eltern. Wird ein Gegner der Diktatur verhaftet, so bestrafen die Barbaren nicht nur den Gefangenen selbst, sondern auch seine Familie, indem sie isoliert wird. Angst umzäunt das Elternhaus des Opfers. Wie soll man da einem Fremden gegenüber noch sicher und herzlich auftreten? Als ich klein war, schliefen die Damaszener mit offenen Haustüren. In den Siebziger- und Achtzigerjahren begannen sie, die Türen dreimal abzusperren. Aus Angst! Denn plötzlich fand man ein Kilo Haschisch bei einem unbequemen Journalisten. Obwohl er Nichtraucher war und mit Drogen nie etwas zu tun gehabt hatte.

Dennoch lernen die Kinder heute wie vor hundert Jahren den Gast schätzen, weil sie von Beginn an erleben, dass ihre Eltern den Gästen die besten Leckereien anbieten. Die Kinder bekommen natürlich auch etwas davon ab, und so verbinden sie einen Gast von klein auf mit Luxus, der sich in einer Praline oder einer Frucht mehr zeigen mag.

Wie eine Idee zu einer länderübergreifenden Aktion wird

Bei einem Treffen in London sprachen der amerikanische Verleger Michel Moushabek und seine Autorin Barbara Abdeni Massaad über Flüchtlinge. Barbara hat als Autorin von Kochbüchern und als Fotografin großen Erfolg in den USA. Sie lebt im Libanon. Ihr Haus in der Bekaa-Ebene liegt in der Nähe eines Flüchtlingslagers. An kalten Wintertagen, an denen sie in ihrer Wohnung trotz Heizung fror, dachte sie an die armen Flüchtlinge in den dünnen Zelten. Am Wochenende fuhr sie mit einem Freund zum Lager. Der Kofferraum ihres Autos war voll mit verschiedenen Gemüsesorten, mit Töpfen, Gewürzen und Kräutern.

Wer sich nicht in die Lage der Menschen an Bord der Flüchtlingsboote hineinversetzen könne, twitterte J. K. Rowling vor Kurzem, dem fehle etwas. »Sie sterben für ein lebenswertes Leben.«

Nicht nur auf den Flüchtlingsbooten, sondern auch in den Flüchtlingslagern sieht man das Elend dieser unschuldigen Menschen. Es ist ein trauriges Schicksal aller Flüchtlinge.

Der Besuch veränderte Barbara. Er brachte ihr die Probleme der Flüchtlinge näher und sie begann einen Weg zu suchen, deren Schmerzen zu lindern. Sie besuchte die Flüchtlinge, kochte mit ihnen und fotografierte sie. Sie hatte immer schon ein wachsames Auge, aber diese Besuche schärften ihren Blick. Hier, unter den Flüchtlingen, entstand die Idee, zusammen mit Freunden ein Suppen-Kochbuch zu gestalten und den Erlös daraus für die Flüchtlinge zu spenden. Michel Moushabek, der erfahrene Verleger von Interlink Publishing, entwickelte die Idee weiter. Ihm war klar: Mit unbekannten Köchen lässt sich so ein Buch kaum verkaufen, aber wenn man Starköche überzeugt mitzumachen, dann hat man die Chance auf Erfolg und darauf, den Flüchtlingen helfen zu können.

Es war ein gewagter Gedanke. Doch die Starköche reagierten sehr positiv – über sechzig Männer und Frauen beteiligten sich an diesem Buch: Alice Waters, Paula Wolfert, Claudia Roden, Greg Malouf, Anthony Bourdain, Yotam Ottolenghi, Sami Tamimi, Ana Sortun, Sally Butcher und viele andere. Eine große Gruppe von Freiwilligen arbeitete an der Auswahl der Rezepte und an der Realisierung des Buches.

Das Buch soll in vielen Ländern der Solidarität mit dem im Stich gelassenen syrischen Volk dienen. Es ist inzwischen in den USA, in Großbritannien, in den Niederlanden, in der Türkei und nun auch in Deutschland erschienen. In den USA wurde es mit 300.000 verkauften Exemplaren sogar zum Bestseller.

Aber warum ein Suppenbuch und keines über die Mediterrane Küche, über Salate oder Sandwiches? Weil eine Suppe nicht nur nahrhaft ist, sondern auch Trost und Wärme schenkt. Der bekannte Koch, Autor und Fernsehmoderator Anthony Bourdain schreibt in seinem Beitrag: »Eine Suppe ist etwas Elementares. Und sie ist immer von Nutzen, auch wenn die Welt um uns herum versagt.«

Als mir Michel Moushabek auf der Frankfurter Buchmesse 2015 von dem Projekt erzählte, fand ich die Idee sehr spannend, wenn nicht gar grandios. Er brauchte mich nicht lange zu bitten, einen geeigneten deutschen Verlag zu suchen. Auf meine ersten Anfragen jedoch bekam ich abschlägige Antworten. Eine Weisheit meines Vaters aber leitet mich schon mein ganzes Leben lang: »Wirf eine Handvoll Lehm gegen eine weiße Wand, entweder bleibt er hängen oder er hinterlässt Spuren. Wenn du aufgibst, bleibt die Wand mit Sicherheit weiß.« Also versuchte ich es noch einmal und hatte bei DuMont großes Glück. Sowohl Geschäftsführerin Sabine Cramer als auch Aufsichtsrätin Isabella Neven DuMont reagierten begeistert.

Rasch verständigte man sich mit dem amerikanischen Verlag Interlink Publishing. DuMont beschloss, das Buch neu zu gestalten, und ich sah das wunderschöne Resultat bei einer Sitzung im Herbst 2016. An diesem Tag hatte ich die Freude, das Team kennenzulernen, das dieses Projekt betreut, und war zutiefst gerührt vom Engagement und Enthusiasmus der Gruppe. Motivieren wollte ich sie und musste bald feststellen, dass die DuMont-Mitarbeiterinnen vielmehr mich motivierten: Aus den geplanten fünf Auftritten für das Buch wurden zwanzig.

Als die Idee auf der Buchmesse 2015 geboren wurde, hoffte ich, dass Schams e.V. einen Teil der Einkünfte bekommen würde.

Schams e.V. ist ein Verein zur Förderung von syrischen Kindern und Jugendlichen in der Türkei, in Jordanien und im Libanon. Gegründet wurde er im Jahre 2012, nachdem unsere Bemühungen gescheitert waren, europäische Politiker davon zu überzeugen, in den Aufnahmeländern um Syrien herum direkt und großzügig zu helfen. Schams e.V. unterstützt so nicht nur die Länder, die zusammen fast vier Millionen Flüchtlinge aufgenommen haben, sondern die Flüchtlinge selbst, damit sie menschenwürdig leben, und von dort leicht in ihre Heimat zurückgehen können, sobald Frieden herrscht.

Kinder sind die wahren Verlierer eines jeden Krieges. Sie verlieren neben vielem anderen die Unbeschwertheit ihrer Kindheit, auf die sie ein Recht haben. Sie verlieren auch Lebenszeit.

Die europäische Hilfe wurde nicht erhöht, sondern drastisch reduziert. Alle westlichen Länder weigerten sich, Druck auf die reichen arabischen Erdölstaaten auszuüben, damit diese Flüchtlinge aufnehmen und finanzielle Unterstützung leisten. Man kann es heute, im Jahr 2017, nicht verstehen, dass die mächtigen westlichen Demokratien vor den Ölscheichs in die Knie gingen und gehen. Deshalb beschlossen wir zu handeln – so wenige wir auch waren –, um die Kinder mit den uns zur Verfügung stehenden Mitteln zu unterstützen. Wir begannen, Kindergärten und Schulen zu fördern, Kurse für Kinder und Jugendliche zu initiieren sowie Lehrer, Psychotherapeuten und Helfer für traumatisierte Kinder zu finanzieren. Zu Beginn konnten wir etwa hundert Kindern helfen, heute sind es ca. 1.500. Wir versuchen, die Kinder so gut wie möglich zu versorgen.

Aus Respekt vor den Spenderinnen und Spendern und den bedürftigen Kindern lassen wir durch Freunde regelmäßig und gewissenhaft kontrollieren, dass das Geld richtig eingesetzt wird. Hier in Deutschland arbeiten wir alle ehrenamtlich. Im Jahr können wir durch Spenden und meine Benefiz-Veranstaltungen bis zu 120.000 Euro überweisen.

Zu guter Letzt folgte eine positive Überraschung auf die andere: Nachdem der amerikanische Verlag Interlink Publishing auf die Lizenzgebühren verzichtete, spendet DuMont alle Gewinne aus dem Buch an Schams e.V. und die Verlagsvertreter verzichten zugunsten der Kinder auf ihre Provision. Meine Privatlektorin war vom Buchprojekt so beeindruckt, dass sie ohne Honorar daran mitgearbeitet hat.

In jedem Land, in dessen Sprache das Buch erschien, wurden Starköche des Landes gewonnen, ein paar Suppenrezepte zu spenden. Auch in Deutschland war die Reaktion sehr positiv.

All das sind für mich nur ein paar von vielen Beispielen für die humanitären Aktionen in diesem Land. Auf meiner Tournee 2015/2016 bin ich zahllosen hilfsbereiten, aufopfernden Helferinnen und Helfern begegnet, die ihre oft schwere Arbeit selbstlos und leise tun.

Mit diesem Buch nun ist eine phantasievolle und wunderbare Möglichkeit entstanden, zu helfen und gleichzeitig zu genießen.

Ich habe also die Ehre und die Freude, das vorbildliche Verhalten all derer, die sich an diesem Werk beteiligen, zu loben und das Licht ihrer Taten nicht unter den Scheffel zu stellen, sondern es gegen die Dunkelheit der Gleichgültigkeit weithin sichtbar zu machen.

Frühjahr 2017

Grußwort

Slow Food Deutschland ist sehr glücklich darüber, dass »Suppen für Syrien« nun auch auf Deutsch vorliegt. Ein besonderer Dank gilt hierbei den Köchen aus dem deutschen Slow-Food-Netzwerk, die ihre Rezepte zur deutschen Ausgabe beigesteuert haben.

Barbara Abdeni Massaad war eine der Ersten, die das Leid der Flüchtlinge erfasst und das Thema in die Öffentlichkeit getragen hat. Sie hat auf die unzureichenden Lebensbedingungen, die sie in einem Flüchtlingslager nahe ihrem Wohnort im Libanon sah, mit Menschlichkeit reagiert und Flüchtlingen warme Mahlzeiten zubereitet. Sie gab ihnen Gastfreundlichkeit, Zuwendung, Interesse, Wärme – Gefühle, die eng mit dem Gefühl von Heimat verbunden sind, die Menschen in Zeiten von Krieg und Flucht selten erfahren dürfen.

Heimat ist für uns in der Regel ein Projektions- und Sehnsuchtswort, weniger an einen bestimmen Ort gebunden als an positive Erinnerungen und Gefühle. Jeder findet darin, worauf sich seine Suchbewegung richtet: sei es die Kindheit oder der Ort, an dem man seine Freunde und Familie hat. Die meisten Menschen assoziieren Heimat mit Bindung, Wärme und Geborgenheit. Für Menschen, die fliehen müssen, bedeutet dies real all diesem beraubt zu werden; die Möglichkeit einer gastfreundlichen Aufnahme kann aber auch eine Chance sein, sich eine neue Heimat zu gestalten und positiv zu erleben.

Wir bei Slow Food sehen uns als Teil einer internationalen Gemeinschaft. Unsere Heimat heißt Vielfalt und deshalb unterstützen wir dieses wunderbare Gemeinschaftsprojekt, das den Menschen in den Mittelpunkt stellt und dessen Erlös den geflüchteten Kindern vor Ort zugutekommt.

Ursula Hudson
Vorsitzende Slow Food Deutschland e.V.

Die Brühen

Rinderbrühe

ERGIBT ETWA 14 TELLER (3,5 L)

2 kg Rinderknochen
2 Zwiebeln, geviertelt
2 Selleriestangen, gehackt
2 Karotten, gehackt
2 Teelöffel schwarze Pfefferkörner
3–4 frische Lorbeerblätter

Den Backofen auf 200 °C vorheizen. Die Rinderknochen auf einem Backblech 1 Stunde rösten, oder so lange, bis sie braun sind.

In einem großen Topf die Knochen und die Zwiebeln mit 6 Litern Wasser übergießen.

Sellerie, Karotten, Pfefferkörner und Lorbeerblätter dazugeben. Aufkochen lassen und etwa 3 Stunden ohne Deckel köcheln lassen, dabei immer wieder den Schaum von der Oberfläche abschöpfen.

Noch 3 Liter Wasser zugießen und ohne Deckel 1 weitere Stunde köcheln lassen.

Die Brühe durch ein mit einem Mulltuch ausgelegtes Sieb gießen und alle festen Bestandteile wegwerfen. Sobald sie etwas abgekühlt ist, einen Deckel aufsetzen und im Kühlschrank kalt werden lassen. Vor der Verwendung das Fett von der Oberfläche abschöpfen und entsorgen.

Hühnerbrühe

ERGIBT ETWA 14 TELLER (3,5 L)

2 kg Hühnerknochen
2 Zwiebeln, geviertelt
2 Selleriestangen, gehackt
2 Karotten, gehackt
2 Teelöffel schwarze Pfefferkörner
3 frische Lorbeerblätter

In einem großen Topf die Knochen und Zwiebeln mit 5 Litern Wasser übergießen. Sellerie, Karotten, Pfefferkörner und Lorbeerblätter dazugeben. Aufkochen lassen und etwa 2 Stunden ohne Deckel köcheln lassen, dabei immer wieder den Schaum von der Oberfläche abschöpfen.

Noch 3 Liter Wasser zugeben und ohne Decke 1 weitere Stunde köcheln lassen.

Die Brühe durch ein mit einem Mulltuch ausgelegtes Sieb gießen und alle festen Bestandteile wegwerfen. Sobald sie etwas abgekühlt ist, einen Deckel aufsetzen und im Kühlschrank kalt werden lassen. Vor der Verwendung das Fett von der Oberfläche abschöpfen und entsorgen.

Fischbrühe

ERGIBT ETWA 10 TELLER (2,5 L)

1,5 kg Fischreste und -gräten

1 Zwiebel, geviertelt

2 Selleriestangen, gehackt

2 Karotten, gehackt

1 Teelöffel schwarze Pfefferkörner

2 frische Lorbeerblätter

In einem großen Topf Fischreste und -gräten sowie Zwiebel mit 3 Litern Wasser übergießen.

Sellerie, Karotten, Pfefferkörner und Lorbeerblätter dazugeben. Aufkochen lassen und etwa 20 Minuten ohne Deckel köcheln lassen, dabei immer wieder den Schaum von der Oberfläche abschöpfen.

Noch 3 Liter Wasser zugeben und ohne Deckel 1 weitere Stunde köcheln lassen.

Die Brühe durch ein mit einem Mulltuch ausgelegtes Sieb gießen und alle festen Bestandteile wegwerfen. Sobald sie etwas abgekühlt ist, einen Deckel aufsetzen und im Kühlschrank kalt werden lassen. Vor der Verwendung das Fett von der Oberfläche abschöpfen und entsorgen.

Gemüsebrühe

ERGIBT ETWA 14 TELLER (3,5 L)

4–5 Zwiebeln, geviertelt

10 Selleriestangen, gehackt

1 Bund Petersilie

2 große Karotten, gehackt

2 Zucchini, gehackt

2 Teelöffel schwarze Pfefferkörner

4 frische Lorbeerblätter

Alle Zutaten in einen großen Topf geben und mit 6 Litern Wasser übergießen. Aufkochen, herunterschalten und ohne Deckel etwa 1 1/2 Stunden köcheln lassen.

Durch ein mit einem Mulltuch ausgelegtes Sieb abgießen und alle festen Bestandteile wegwerfen. Abkühlen lassen, einen Deckel aufsetzen und bis zur Verwendung im Kühlschrank lagern.

Die Suppen

Alexis Couquelet

Artischockensuppe

FÜR 4–6 PERSONEN

---

450 g Pilze
1 kg tiefgefrorene Artischockenherzen, aufgetaut
120 ml Sonnenblumenöl
250 g Zwiebeln, gehackt
250 g Kartoffeln, geschält und in Würfel geschnitten
2 l Hühnerbrühe
250 ml Sahne
Salz
1 Prise frisch gemahlener schwarzer Pfeffer

Die Pilze mit einer Bürste säubern und in Viertel schneiden. Die Artischockenherzen halbieren.

Das Sonnenblumenöl in einem großen Topf erhitzen und die Zwiebeln etwa 5 Minuten darin anbraten. Die Kartoffeln dazugeben und weitere 5 Minuten mitbraten. Dann die Artischockenherzen unterziehen und 1 Minute mitgaren.

Die Hühnerbrühe angießen. Zum Kochen bringen, die Temperatur herunterschalten und 15 Minuten köcheln lassen. Die Pilze dazugeben und weitere 15 Minuten köcheln lassen.

Die Suppe in einer Küchenmaschine oder mit einem Stabmixer pürieren.

In einen sauberen Topf umfüllen und erwärmen. Die Sahne dazugeben, gründlich umrühren, probieren und nach Bedarf mit Salz und Pfeffer würzen. Weitere 5 Minuten köcheln, bis alles gut erhitzt ist, dann servieren.

Martyna Monaco

Gekühlte Avocado-Gurken-Minze-Suppe

FÜR 4 PERSONEN

---

2 Avocados, geschält und in Würfel geschnitten
4 kleine Salatgurken, geschält und gehackt
1 kleines Bund Petersilie
1 kleines Bund Minze (nur die Blätter)
1 Zwiebel, grob gehackt
Saft von 2 Zitronen
250 g Joghurt
Salz und weißer Pfeffer nach Geschmack
Gurkenscheiben, Minzblätter oder Croûtons zum Garnieren

Avocados, Gurken, Petersilie, Minze, Zwiebel, Zitronensaft und Joghurt in einen Standmixer oder eine Küchenmaschine geben und zu einer glatten Creme pürieren.

Langsam 250 Milliliter kaltes Wasser hinzugießen, bis die gewünschte Konsistenz erreicht ist.

Mit Salz und weißem Pfeffer würzen.

Vor dem Servieren mindestens 30 Minuten im Kühlschrank kalt werden lassen.

Auf Schälchen verteilen und nach Geschmack mit Gurkenscheiben, Minzblättern oder Croûtons garnieren.

Linda Toubia

Blumenkohl-suppe

FÜR 4 PERSONEN

---

1 mittelgroßer Blumenkohl
2 Esslöffel Olivenöl extra vergine
1 mittelgroße Zwiebel, fein gehackt
1 Knoblauchzehe, fein gehackt
1 kleines Bund Koriander, fein gehackt
1 Esslöffel Tomatenmark
4 große Tomaten, gehäutet und klein geschnitten
1 Teelöffel Paprikapaste
Salz
frisch gemahlener schwarzer Pfeffer
100 g Rundkornreis

Einen großen Topf mit Wasser zum Kochen bringen. Den Blumenkohl kalt abspülen, die äußeren Blätter abschneiden, den Strunk entfernen und den Blumenkohl in große Röschen teilen. Die Röschen etwa 3 Minuten im kochenden Wasser blanchieren, dabei darauf achten, dass das Wasser sprudelnd kocht. Währenddessen eine große Schüssel mit Eiswasser vorbereiten.

Den Blumenkohl vorsichtig abgießen und ins Eisbad geben. 1–2 Minuten darin ziehen lassen, dann gründlich abtropfen lassen.

Das Olivenöl bei mittlerer bis hoher Temperatur in einem Topf erhitzen. Zwiebel, Knoblauch und Koriander hineingeben und 2–3 Minuten anbraten, dabei gelegentlich umrühren.

Das Tomatenmark in 1 Liter Wasser auflösen und in den Topf geben, zusammen mit dem blanchierten Blumenkohl, Tomaten, Paprikapaste, Salz und Pfeffer. Aufkochen lassen und auf ein Köcheln herunterschalten.

Den Reis dazugeben, einen Deckel lose aufsetzen und 20–30 Minuten sanft köcheln lassen, bis der Reis gar ist. Von Zeit zu Zeit probieren.

Die Suppe auf Schälchen verteilen und warm servieren.

Sana Wakeem Awad

Blumenkohl-suppe mit Curry

FÜR 4–6 PERSONEN

---

2 Esslöffel Pflanzenöl

1 Zwiebel, gehackt

4 kleine Knoblauchzehen, gehackt

1 mittelgroßer Blumenkohl, in Röschen geteilt

½ Teelöffel frisch gemahlener schwarzer Pfeffer

1 Teelöffel Currypulver

1 Teelöffel frischer Ingwer, gerieben (oder ersatzweise ½ Teelöffel gemahlener Ingwer)

½ Teelöffel gemahlene Kurkuma

½ Teelöffel gemahlener Cumin

Salz

1 l Hühner- oder Gemüsebrühe

1 Bund Frühlingszwiebeln, fein gehackt

Das Pflanzenöl bei mittlerer Temperatur in einem großen Topf erhitzen. Zwiebel und Knoblauch hineingeben und 2–3 Minuten unter gelegentlichem Rühren anbraten.

Den Blumenkohl zugeben und 1–2 Minuten dünsten. Gewürze und Salz gründlich unterrühren und 2 Minuten mitgaren.

Die Brühe angießen, gut umrühren und zum Köcheln bringen. Den Kohl bei mittlerer Temperatur darin garen, bis er weich ist.

Zum Pürieren der Suppe einen Mixer oder eine Küchenmaschine höchstens zur Hälfte füllen. Langsam beginnen und die Hand auf dem Deckel lassen, falls er vom aufsteigenden Dampf nach oben gedrückt wird. Auf hohe Stufe schalten und etwa 1 Minute fein pürieren. Möglicherweise müssen Sie das portionsweise machen.

Die Suppe heiß auf Schälchen verteilen und mit gehackten Frühlingszwiebeln garniert servieren.

Jane Hughes

Bohnen-Chipotle-Chowder

FÜR 4 PERSONEN

---

1 Teelöffel Pflanzenöl
2 kleine Zwiebeln, in Würfel geschnitten
3 kleine Karotten, in Würfel geschnitten
4 Selleriestangen, in Würfel geschnitten
3 Knoblauchzehen, zerdrückt
1 Jalapeño-Chilischote, entkernt und fein geschnitten
1 Esslöffel ungesüßtes Kakaopulver
1 Esslöffel Chipotle-Chili-Pulver
1 Teelöffel gemahlener Cumin
3 mittelgroße Süßkartoffeln, geschält und in Würfel geschnitten
450 g Tomaten, in Würfel geschnitten
1 l Gemüsebrühe
800 g schwarze Bohnen, gekocht oder aus der Dose, abgetropft und abgespült
Saft und Abrieb von 1 Limette
1 Teelöffel Salz oder nach Geschmack
frisches Koriandergrün zum Garnieren

Das Pflanzenöl in einer großen Pfanne erhitzen und Zwiebeln, Karotten und Sellerie 5 Minuten sanft darin anbraten. Knoblauch, Jalapeño-Chili, Kakao, Chipotle-Chili und Cumin einrühren und etwa 3 Minuten mitdünsten, bis Duft aufsteigt.

Die Süßkartoffeln gründlich unterrühren und weitere 3 Minuten dünsten. Tomaten und Brühe zugeben, zum Kochen bringen, die Temperatur herunterschalten und 25 Minuten köcheln lassen, bis die Süßkartoffeln gar sind.

Bohnen, Limettensaft und -abrieb unterziehen und heiß werden lassen; nach Geschmack salzen.

Die Suppe auf Schälchen verteilen und mit Koriandergrün garnieren.

Claudia Roden

Pasta e fasoi – Nudelsuppe mit Borlotti-Bohnen

FÜR 6 PERSONEN

---

3 Esslöffel Olivenöl extra vergine, plus ein wenig zum Beträufeln
125 g Speck, Haut entfernt und in kleine Würfel geschnitten
1 Selleriestange, gehackt
1 Zwiebel, gehackt
1 Karotte, geschält und gehackt
2 kleine Knoblauchzehen, grob gehackt
3 Tomaten, gehäutet und in Würfel geschnitten
200 g getrocknete Borlotti-Bohnen, über Nacht in kaltem Wasser eingeweicht
Salz und frisch gemahlener schwarzer Pfeffer
100 g Penne oder andere kurze Röhrennudeln
geriebener Parmesan oder Grana Padano

Das Olivenöl in einem großen Topf erhitzen und Speck, Sellerie, Zwiebel, Karotte und Knoblauch unter Rühren darin anbraten, bis das Gemüse weich ist.

Die Tomaten einrühren und bei mittlerer Temperatur 10 Minuten garen.

Die Bohnen abgießen und dazugeben, mit Wasser bedecken und 1–2 Stunden gar kochen. Sobald sie anfangen, weich zu werden, mehr Wasser nachgießen und mit Salz und Pfeffer würzen.

Eine Schöpfkelle mit Bohnen herausheben, im Mixer pürieren und wieder in die Suppe gießen.

Die Nudeln zugeben und garen, bis sie ein bisschen weicher als al dente sind.

Auf Schälchen verteilen und jede Portion mit ein wenig Pfeffer und einem Kringel Olivenöl garnieren. Den Käse bei Tisch herumreichen.

Greg Malouf

Persische Bohnensuppe

FÜR 6–8 PERSONEN

60 ml Olivenöl extra vergine
2 mittelgroße Zwiebeln, fein gehackt
½ Teelöffel gemahlene Kurkuma
½ Teelöffel frisch gemahlener schwarzer Pfeffer
2 Teelöffel gemahlener Cumin
2,5 l Gemüsebrühe
50 g getrocknete Kidney-Bohnen, über Nacht eingeweicht und abgegossen
50 g getrocknete kleine weiße Bohnen, über Nacht eingeweicht und abgegossen
50 g getrocknete Kichererbsen, über Nacht eingeweicht und abgegossen
100 g Puy-Linsen
2 Teelöffel Meersalz
1 kleines Bund Schnittlauch, gehackt
1 kleines Bund Dill, gehackt
1 kleines Bund Petersilie, grob gehackt
60 g Spinatblätter, gehackt
40 g Mangoldblätter, grob gehackt
120 g Sauerrahm

Das Olivenöl bei mittlerer Temperatur in einem großen Topf erhitzen und Zwiebeln und Gewürze darin anbraten.

Die Gemüsebrühe angießen. Kidney-Bohnen, weiße Bohnen und Kichererbsen einrühren. Aufkochen lassen, die Temperatur herunterschalten und einen Deckel aufsetzen. Etwa 45 Minuten köcheln lassen, bis die Bohnen gerade gar sind. Die Linsen und – wenn nötig – mehr Brühe zugeben. Weitere 30 Minuten garen, bis die Linsen gar sind.

Salz, Schnittlauch, Dill, Petersilie, Spinat und Mangold unterziehen. Noch 5 Minuten köcheln lassen, dabei gelegentlich umrühren. Abschmecken und mehr Brühe zugießen, falls die Suppe zu dick ist.

Zum Schluss den Sauerrahm einrühren, dabei 1 gehäuften Esslöffel zum Garnieren beiseitestellen.

Die Suppe wieder zum Kochen bringen und auf Schälchen verteilen. Zum Servieren einen Klacks Sauerrahm daraufgeben.

Anthony Bourdain

Soupe au Pistou

FÜR 6 PERSONEN

---

225 g getrocknete weiße Bohnen (Pintobohnen oder Tarbais sind gut)
2 Knoblauchzehen, in dünne Scheiben geschnitten — wie in Goodfellas
1 mittelgroße Zwiebel, fein geschnitten
450 g reife Tomaten, entkernt und in Würfel geschnitten
2 Lauchstangen, in 6-mm-Scheiben geschnitten
2 kleine grüne Zucchini, in Würfel geschnitten
2 kleine gelbe Zucchini, in Würfel geschnitten (jeweils nur den Außenteil der Zucchini verwenden; Kerne in der Mitte wegwerfen)
1 Fenchelknolle, in kleine Würfel geschnitten
2 Esslöffel Olivenöl
900 ml helle Hühner- oder Fleischbrühe
1 Bouquet garni (Kräutersträußchen aus z. B. Petersilie, Thymian und Lorbeer)
75 g Hörnchennudeln
Salz und frisch gemahlener schwarzer Pfeffer

PISTOU
1 Bund frische Basilikumblätter, von den Stielen gezupft, gewaschen und trocken getupft
6 Knoblauchzehen, geschält
120 ml Olivenöl extra vergine
110 g Parmesan, gerieben
Salz und frisch gemahlener schwarzer Pfeffer

Am Vortag die Bohnen 24 Stunden in reichlich kaltem Wasser einweichen. (Sie haben noch Zeit, also könnten Sie auch gleich noch selbst gemachte Hühnerbrühe kochen.)

Am nächsten Tag: Musik auflegen. Die Bohnen abgießen, gut abspülen und in Wasser oder Hühnerbrühe fast gar kochen - in der Mitte sollten sie noch ein bisschen hart sein. Bitte nicht zu Matsch verkochen. Wenn sie fertig sind, abgießen und kalt abspülen, damit sie nicht weitergaren. Beiseitestellen; Sie brauchen sie später. Die ganze Messerarbeit erledigen - würfeln, schneiden und so weiter.

Jetzt kann das eigentliche Kochen beginnen. In Ordnung? Haben Sie alles? Stellen Sie die vorbereiteten Zutaten ordentlich bereit. Ihre »Mise en Place« ist fertig? Los geht's...

Das Olivenöl in einem großen, schweren Topf erhitzen. Sobald es heiß ist, Knoblauch und Zwiebel ein paar Sekunden darin anbraten, um ihr Aroma freizusetzen. Sobald die Zwiebeln glasig werden, das restliche Gemüse zugeben und bei niedriger Temperatur weiterdünsten (anschwitzen), bis es anfängt, weich zu werden. Brühe und Bouquet garni zugeben und bei hoher Temperatur kurz aufkochen lassen. Sofort wieder auf ein nettes, zartes Köcheln herunterschalten. Die Hörnchennudeln zugeben und mitköcheln, bis sie fast gar sind. Die Bohnen dazukippen. Köcheln lassen, hin und wieder umrühren, und nicht vergessen: aufsteigenden Schaum immer wieder mit einem Schaumlöffel abschöpfen.

Während die Suppe köchelt, Pistou zubereiten: Im Mörser Basilikum und Knoblauch zu einer matschigen Paste zerstoßen. Mit einer Gabel das Olivenöl nach und nach einrühren. Zum Schluss den Parmesan unterziehen. Mit Salz und Pfeffer abschmecken. Ich nehme an, Sie könnten auch schummeln und einen Mixer dafür verwenden; so machen es wahrscheinlich viele, wenn nicht die meisten Restaurants. Aber das wäre falsch.

Nach etwa 30 Minuten, wenn die Suppe fertig ist (das heißt, die Nudeln und Bohnen sind gar, aber nicht matschig oder zerkocht, sondern noch ganz), Pistou, Salz und Pfeffer einrühren und sofort servieren.

Die meisten Suppen schmecken am nächsten Tag besser. Diese gehört nicht dazu. Wann immer in einer Suppe Nudeln oder Zucchini vorkommen, wird es am nächsten Tag unschön. Das gleiche gilt für Basilikumpaste. Diese wunderbare, leuchtend bunte, frisch schmeckende Suppe nimmt schon morgen eine hässliche Militär-Tarnfarbe an und wird vom Pistou überwältigt. Also essen Sie sie gleich.

Nur Ilkin und Sheilah Kaufman

Türkische Bohnensuppe mit Lamm und Nudeln

FÜR 6 PERSONEN

---

2 Esslöffel Butter
300 g Lammkeule ohne Knochen, in 1-cm-Würfel geschnitten
1 große Zwiebel, fein gehackt
Meersalz und frisch gemahlener schwarzer Pfeffer
1 Esslöffel Tomatenmark
1,2 l heiße Hühnerbrühe
200 g getrocknete Schwarzaugenbohnen, 3–4 Stunden in kaltem Wasser eingeweicht und abgegossen
100 g Capellini oder dünne Suppennudeln, in 1-cm-Stücke gebrochen
1 Prise Zimtpulver

Die Butter in einem 3-Liter-Topf bei mittlerer Temperatur erhitzen. Das Lammfleisch 3–4 Minuten darin anbraten, bis es braun anläuft.

Die Herdplatte auf niedrige bis mittlere Temperatur herunterschalten und das Fleisch mit Deckel etwa 10 Minuten schmoren. Das Lamm sollte anfangen, seine Säfte freizusetzen.
Die Zwiebel zugeben, gut unterrühren und 3–4 Minuten mitgaren. Mit reichlich Salz und Pfeffer würzen und das Tomatenmark zugeben. Gut umrühren.

Die heiße Hühnerbrühe angießen und zum Kochen bringen. Die Temperatur herunterschalten und mit Deckel 7–8 Minuten köcheln lassen. Dann die Bohnen unterrühren und mit Deckel weitere 25–30 Minuten kochen. Probieren, ob die Bohnen weich sind, dann die Nudelstücke zugeben. Gründlich umrühren und mit Deckel nochmals 7–8 Minuten garen.

Vom Herd nehmen und den Zimt gründlich unter die Suppe rühren. 30 Minuten mit Deckel ziehen lassen, damit sich die Aromen verbinden.

Die Suppe auf Schälchen verteilen und servieren.

Martyna Monaco

Brokkoli-Lauch-Suppe

FÜR 4 PERSONEN

---

250 ml Vollmilch
2 Esslöffel Butter
3 Esslöffel Mehl
Salz und frisch gemahlener schwarzer Pfeffer
frisch gemahlene Muskatnuss
2 Esslöffel Olivenöl extra vergine
4 Lauchstangen, geputzt und gehackt
1 großer Brokkoli, in Röschen geteilt
1 l Gemüsebrühe

Die Milch 5 Minuten bei niedriger Temperatur in einem Topf erwärmen.

In einem zweiten Topf die Butter bei niedriger Temperatur zerlassen und das Mehl darin zu einer glatten Paste verrühren. Die Milch angießen und rasch einrühren, bis eine feine weiße Soße entstanden ist. Mit Salz, Pfeffer und Muskat abschmecken. Vom Herd nehmen und beiseitestellen.

Das Olivenöl in einem großen Topf bei mittlerer Temperatur erhitzen. Den Lauch hineingeben und goldbraun anbraten. Brokkoli und Brühe dazugeben und zum Köcheln bringen. Bei mittlerer Temperatur garen, bis der Brokkoli weich und die Brühe auf die Hälfte eingekocht ist.

Zum Pürieren der Suppe einen Mixer oder eine Küchenmaschine höchstens zur Hälfte füllen. Langsam beginnen und die Hand auf dem Deckel lassen, falls er vom aufsteigenden Dampf nach oben gedrückt wird. Auf hohe Stufe schalten und etwa 1 Minute fein pürieren. Möglicherweise müssen Sie das portionsweise machen.

Die Suppe in einen sauberen Topf füllen und bei niedriger Temperatur erwärmen. Die Soße gründlich unterziehen und abschmecken.
5 Minuten lang heiß werden lassen.

Die Suppe auf Schälchen verteilen und servieren.

Caline Chaya

Erbsensuppe mit Minze

FÜR 4 PERSONEN

---

2 Esslöffel Olivenöl extra vergine
4 Schalotten, fein geschnitten
200 g Kartoffeln, geschält und in Würfel geschnitten
475 ml Hühner- oder Gemüsebrühe
450 g Tiefkühlerbsen
10 g Minzblätter, gehackt
15 g Rucola, gehackt
Salz und frisch gemahlener schwarzer Pfeffer
Croûtons zum Garnieren

Das Olivenöl in einem mittelgroßen Topf erhitzen und die Schalotten darin glasig dünsten. Kartoffeln und Brühe zugeben und zum Kochen bringen. Die Temperatur herunterschalten und alles köcheln lassen, bis die Kartoffeln gar sind.

Die Erbsen einrühren und etwa 3 Minuten mitkochen. Dann Minze und Rucola zugeben und weitere 5 Minuten köcheln lassen.

Zum Pürieren der Suppe einen Mixer oder eine Küchenmaschine höchstens zur Hälfte füllen. Langsam beginnen und die Hand auf dem Deckel lassen, falls er vom aufsteigenden Dampf nach oben gedrückt wird. Auf hohe Stufe schalten und etwa 1 Minute fein pürieren. Möglicherweise müssen Sie das portionsweise machen.

Die Suppe in einen sauberen Topf geben und bei niedriger Temperatur erwärmen. Mit Salz und Pfeffer abschmecken.

Die Suppe auf Schälchen verteilen und warm servieren, mit Croûtons garniert.

Elisabeth Raether

Berliner Erbsensuppe

FÜR 6 PERSONEN

200 g Bauchspeck, in Würfel geschnitten
1 Zwiebel, gehackt
500 g halbe gelbe Schälerbsen
1 Teelöffel gehackter frischer Majoran
1 Lorbeerblatt
200 g Kartoffeln
1 Bund Suppengemüse (Karotte, Lauch, Sellerie, Petersilie)
Salz und frisch gemahlener schwarzer Pfeffer
6 Wiener Würstchen (nach Belieben)
Weißweinessig
1 Weißbrot

Bauchspeck und Zwiebeln zusammen in einem Topf anschwitzen.

Die Schälerbsen dazugeben, kurz anschwitzen und dabei umrühren. (Halbierte Schälerbsen muss man vor dem Kochen nicht einweichen.) 1,5 Liter Wasser angießen, dann Majoran und Lorbeerblatt dazugeben. Etwa 45 Minuten mit geschlossenem Deckel köcheln lassen.

In der Zwischenzeit die Kartoffel schälen und in 1-cm-Würfel schneiden. Das Suppengemüse würfeln, die Petersilie hacken. Dann alles in den Topf geben und mit Salz und Pfeffer würzen. Weitere 30–40 Minuten köcheln lassen.

Die Würstchen in Stücke geschnitten oder im Ganzen für die letzten Minuten der Garzeit dazugeben. Zum Schluss mit Essig abschmecken.

Die Suppe auf Schälchen verteilen und dazu Weißbrot servieren.

Cristina Ghafari

Schälerbsen-suppe

FÜR 6 PERSONEN

1,5 l Gemüsebrühe
2 mittelgroße Zwiebeln, fein gehackt
2 große Karotten, geschält und gehackt
1 mittelgroße Kartoffel, geschält und in Würfel geschnitten
3 kleine Knoblauchzehen, fein gehackt
500 g halbe gelbe Schälerbsen
Salz
2 Bund Petersilie, fein gehackt
½ Esslöffel gemahlener Cumin
Croûtons zum Garnieren

Gemüsebrühe, 250 Milliliter Wasser, Zwiebeln, Karotten, Kartoffel und Knoblauch in einen großen Topf geben und bei hoher Temperatur zum Kochen bringen.

Die Schälerbsen zugeben, die Temperatur reduzieren und alles 30 Minuten köcheln lassen, bis das Gemüse zart und die Erbsen ganz weich sind.

Mit Salz und Petersilie würzen.

Die Erbsen mit einem Stabmixer, Kartoffelstampfer oder Löffelrücken zerkleinern, bis die Suppe dick und die Erbsen aufgelöst sind; wenn nötig, mehr Wasser zugießen. Mit Cumin und Salz abschmecken.

Die Suppe auf Schälchen verteilen und heiß servieren, mit Croûtons garniert.

Mario Kotaska

Kölsche Erbsensuppe

FÜR 4 PERSONEN

½ Teelöffel Butter
1 Zwiebel, fein gewürfelt
50 g geräucherter Bauchspeck, klein geschnitten
500 g Tiefkühlerbsen, plus 150 g Tiefkühlerbsen als Einlage
Salz
Zucker
Muskatnuss
500 ml Hühnerbrühe
1 mehligkochende Kartoffel, geschält und in Würfel geschnitten
frisch gemahlener schwarzer Pfeffer
50 g Speck
Sonnenblumenöl

Wer schnell und vitaminbewusst kochen möchte, verwendet für dieses Rezept einen Schnellkochtopf. Ein großer Suppentopf tut es natürlich auch.

Die Butter im Topf erhitzen, dann Zwiebel und Bauchspeck in der Butter anbraten, die Erbsen dazugeben und mit Salz, Zucker und Muskatnuss nach Geschmack würzen.

Die Hühnerbrühe angießen, dann die Kartoffelwürfel dazugeben und in der Brühe weich kochen.

Die Suppe anschließend in der Küchenmaschine oder im Mixer fein pürieren, durch ein Sieb passieren und mit Pfeffer und den anderen Gewürzen abschmecken.

Die restlichen Erbsen zugeben und nochmals aufkochen.

Den Speck zum Garnieren in Streifen schneiden. Wenig Sonnenblumenöl in einer Pfanne erhitzen und den Speck darin knusprig braten.

Die Suppe auf Schälchen verteilen und mit dem Speck garnieren.

Sana Wakeem Awad

Fenchelsuppe

FÜR 4 PERSONEN

---

2 Teelöffel Pflanzenöl oder Butter
1 mittelgroße Zwiebel, gehackt
2 mittelgroße Fenchelknollen, in feine Streifen geschnitten (Blätter aufbewahren)
1–2 kleine Knoblauchzehen, gehackt
2 Karotten, geschält und in streichholzdünne Streifen geschnitten
1,5 l Gemüsebrühe
Salz
1 Prise weißer Pfeffer
4–5 Esslöffel gehackte Fenchelblätter

Pflanzenöl oder Butter in einem großen Topf bei mittlerer bis hoher Temperatur erhitzen. Zwiebel und Fenchel zugeben und 2–3 Minuten unter gelegentlichem Rühren anbraten.

Den Knoblauch einrühren und 2 Minuten mitbraten. Dann die Karotten unterziehen.

Die Brühe angießen, gut umrühren und zum Köcheln bringen. Das Gemüse bei mittlerer Temperatur 10–15 Minuten garen, bis es weich ist.

Mit Salz und Pfeffer abschmecken. Zum Schluss die Fenchelblätter einrühren und 5 Minuten mitköcheln.

Die Suppe auf Schälchen verteilen und heiß servieren.

Greg Malouf

Fenchelsuppe mit Zitrone und Zimt

FÜR 6–8 PERSONEN

60 ml Olivenöl extra vergine, plus ein wenig zum Beträufeln
2 Zwiebeln, in Ringe geschnitten
2 kleine Knoblauchzehen, grob gehackt
2 Lauchstangen, geputzt und grob gehackt
3 große Fenchelknollen, in dünne Streifen geschnitten
2 Kartoffeln, geschält und in Stücke geschnitten
1,5 l Hühnerbrühe
1 Zimtstange
Schale von ½ unbehandelten Zitrone (in Stücken)
½ Teelöffel gemahlener Piment
2 Lorbeerblätter
Salz und frisch gemahlener schwarzer Pfeffer
2 Eigelb
120 ml Crème double
Saft von 2 Zitronen
1 Teelöffel Zimtpulver
3 Esslöffel grob gehackte Petersilie

Das Olivenöl in einem großen, schweren Topf erhitzen und Zwiebeln, Knoblauch, Lauch sowie Fenchel ein paar Minuten darin weich dünsten.

Erst Kartoffeln und Hühnerbrühe dazugeben, dann Zimtstange, Zitronenschale, Piment und Lorbeerblätter einrühren. Zum Kochen bringen, die Temperatur herunterschalten und 20 Minuten sanft köcheln lassen. Zimtstange, Zitronenschale und Lorbeerblätter herausfischen und wegwerfen. Die Suppe mit Salz und Pfeffer abschmecken.

In einer Schüssel Eigelb und Crème double mit einem Schneebesen vermischen. Einen großen Löffel heiße Suppe unterrühren. Alles gründlich schlagen, dann die Eimischung in die Suppe gießen. Langsam unter ständigem Rühren erhitzen, bis die Suppe beinahe kocht. Vom Herd nehmen und mit Salz, Pfeffer und Zitronensaft abschmecken.

Die Suppe auf Schälchen verteilen und zum Servieren jede Schale mit etwas Olivenöl beträufeln und mit Zimt und Petersilie bestreuen.

Wendy Rahamut

Karibische Fischsuppe

FÜR 6–8 PERSONEN

1–2 kg ganze Fische, ausgenommen, filetiert und in Streifen geschnitten (Köpfe für die Brühe aufbewahren, s. r.)
1 große Habanero-Chili, entkernt und gehackt
2 Knoblauchzehen, fein gehackt
Salz
1 Esslöffel Olivenöl
2 Esslöffel Pflanzenöl
1 mittelgroße Zwiebel, gehackt
2 große Karotten, geschält und in Scheiben geschnitten
1 Kartoffel, geschält und in große Würfel geschnitten
700 g gemischtes Wurzelgemüse (Maniok, Süßkartoffel, Yamswurzel), geschält und in Würfel geschnitten
4 grüne Bananen, geschält und in dicke Scheiben geschnitten
2 Tomaten, in Stücke geschnitten
frisch gemahlener schwarzer Pfeffer
1 Esslöffel Butter zum Servieren

Den Fisch vorbereiten: Die Fischstreifen in eine flache Glasform legen und mit Chili, Knoblauch, 1 Teelöffel Salz und Olivenöl vermengen. 1 Stunde kalt stellen.

Für die Fischkopfbrühe die gewaschenen Fischköpfe in einem mittelgroßen Topf mit 1,6 Litern Wasser übergießen. Thymian, Pfeffer- und Pimentkörner, Knoblauch, Chili, Schnittlauch, Koriander, Limettensaft und Salz nach Geschmack unterrühren. Zum Kochen bringen, die Temperatur herunterschalten und alles mit Deckel 1 Stunde köcheln lassen.

Das Gemüse vorbereiten: Das Pflanzenöl in einem großen, schweren Schmortopf erhitzen und Zwiebeln, Karotten und Kartoffel 3–4 Minuten darin andünsten.

Die fertige Fischkopfbrühe durch ein Sieb in den Topf mit dem gedünsteten Gemüse gießen. Aufkochen lassen, die Temperatur herunterschalten und mit Deckel 30 Minuten köcheln lassen. Das Wurzelgemüse sowie die grünen Bananen einrühren.

Dann Tomatenstücke und marinierte Fischstreifen unterziehen und weitere 15–20 Minuten sanft köcheln, bis der Fisch gar ist. Mit Salz und Pfeffer abschmecken, dann vorsichtig die Butter einrühren.

Die Suppe auf Schälchen verteilen und heiß servieren.

FISCHKOPFBRÜHE

½ Bund Thymian

6 schwarze Pfefferkörner

4 Pimentkörner

4 Knoblauchzehen, gehackt

1 Habanero-Chili, entkernt und gehackt

1 Esslöffel Schnittlauch, gehackt

2 Esslöffel Koriandergrün, gehackt

2 Esslöffel frisch gepresster Limettensaft

Salz

Cristina Ghafari

Fischsuppe

FÜR 4–6 PERSONEN

---

1 große Zwiebel, in dünne Ringe geschnitten
3 mittelgroße Kartoffeln, in Würfel geschnitten
1 Scheibe Speck, in Streifen geschnitten (optional)
4 kleine Knoblauchzehen, flach gedrückt
2 Petersilienstängel, gehackt
1 Esslöffel ganze Pfefferkörner
2 Lorbeerblätter
1 Esslöffel Meersalz
1 Teelöffel Paprikapulver
60 ml trockener Weißwein (optional)
450 g fester weißer Fisch, in große Stücke geschnitten
Saft von ½ Zitrone
1 Esslöffel Olivenöl extra vergine
½ Teelöffel rote Paprikaflocken

Zwiebel und Kartoffeln in einen großen Topf geben – mit dem Speck, falls Sie welchen verwenden. 3 der Knoblauchzehen, Petersilie, Pfefferkörner, Lorbeerblätter, Salz, Paprikapulver und Wein unterrühren. So viel Wasser angießen, dass das Gemüse gerade bedeckt ist, und zum Kochen bringen. Die Temperatur reduzieren und köcheln lassen, bis die Kartoffeln gar sind, das dauert etwa 15 Minuten.

Die Fischstücke so auf das Gemüse legen, dass sie gerade mit Flüssigkeit bedeckt sind (wenn nötig, mehr Wasser zugeben) und weitere 5–10 Minuten ohne Umrühren köcheln lassen, bis der Fisch gar ist. Vom Herd nehmen.

Eine scharfe Soße zum Garnieren der Suppe zubereiten: Dazu 2 Tassen Gemüse und Brühe in einen Mixer oder eine Küchenmaschine geben; darauf achten, dass reichlich Kartoffeln dabei sind. Zitronensaft, Olivenöl, Paprikaflocken und die letzte Knoblauchzehe dazugeben. Zu einer dicken Creme pürieren.

Die Suppe auf Schälchen verteilen und warm servieren, mit einem Klacks scharfer Soße garniert.

Helena Zakharia

Suppe mit Meeresfrüchten

FÜR 6 PERSONEN

---

2 Esslöffel Olivenöl extra vergine
2 Zwiebeln, gehackt
4 kleine Knoblauchzehen, gehackt
2 Esslöffel Tomatenmark
600 ml Weißwein
2 Dosen Tomaten in Stücken à 400 g
½ Teelöffel gemahlene Kurkuma
3 Lorbeerblätter
2 Teelöffel Zucker
Salz
6 kleine Krebse, z. B. Taschenkrebse, geschrubbt und halbiert
1 kg feste Fischfilets, in Streifen geschnitten
450 g rohe Garnelen
250 g Jakobsmuscheln (optional)
250 g Calamari, gewaschen und in 1 cm breite Ringe geschnitten

Das Olivenöl in einem großen Topf bei mittlerer Temperatur erhitzen. Zwiebeln und Knoblauch hineingeben und andünsten, bis die Zwiebeln weich sind.

Tomatenmark, Weißwein, Tomatenstücke, Kurkuma, Lorbeerblätter, Zucker, Salz nach Geschmack sowie 250 Milliliter Wasser zugeben. Aufkochen lassen, die Temperatur herunterschalten und 10 Minuten köcheln lassen.

Krebse und Fischfilets in die Suppe geben. Wieder zum Kochen bringen und 5 Minuten köcheln.

Vorsichtig Garnelen, Jakobsmuscheln und Calamari unterziehen. Aufkochen lassen, die Temperatur nochmals herunterschalten und bei niedriger Temperatur weitere 10 Minuten garen.

Die Suppe auf Schälchen verteilen und warm servieren.

Garrett Melkonian

Scharfe Muschelsuppe mit Pastirma

FÜR 4–6 PERSONEN

3–4 Tomaten, gehäutet und in Würfel geschnitten
2 Knoblauchzehen, fein gehackt
2–4 Esslöffel rote Paprikapaste
1 kleines Bund Koriander, fein gehackt, plus ein wenig zum Garnieren
½ Teelöffel Cayennepfeffer
2 Teelöffel gemahlener Cumin
3 Esslöffel (45 ml) Zitronensaft
60 ml Olivenöl extra vergine
1 kg japanische Teppichmuscheln (Venusmuscheln), gewaschen und abgetropft
700 ml Hühnerbrühe
100 g Pastirma (türkischer luftgetrockneter Rinderschinken, ersatzweise Pastrami), in Würfel geschnitten
3 Esslöffel Butter
gegrilltes oder getoastetes Brot zum Servieren

Tomaten, Knoblauch, Paprikapaste, Koriander, Cayennepfeffer, Cumin, Zitronensaft und Olivenöl in eine Schüssel geben und mit einem Löffel oder Spatel gründlich vermischen (nicht mit dem Schneebesen).

Einen großen Topf bei mittlerer bis hoher Temperatur erhitzen und die Tomatenmischung ein paar Minuten darin kochen, bis Duft aufsteigt und die Tomaten anfangen, zu zerfallen.

Muscheln, Hühnerbrühe und Pastirma einrühren und bei hoher Temperatur zum Kochen bringen. Auf ein Köcheln herunterschalten und mit Deckel garen, bis sich alle Muscheln geöffnet haben; dabei hin und wieder am Topf rütteln. Die Muscheln mit einem Schaumlöffel herausheben, und auf Servierschalen verteilen; die Brühe im Topf lassen.

Die Butter in die Brühe geben und abschmecken. Pastirma und Muscheln enthalten schon reichlich Salz, insofern muss die Suppe wahrscheinlich nicht gesalzen werden.

Die Brühe über die Muscheln schöpfen, jede Schale mit ein wenig gehacktem Koriander garnieren und mit dicken Scheiben Röstbrot servieren.

Jaqueline Amirfallah

Abe Guscht – persischer Eintopf mit Kichererbsen und Lamm

FÜR 4 PERSONEN

---

350 g Kichererbsen
300 g Hammel- oder Lammfleisch aus Schulter oder Nacken (gerne mit Fett)
1 Teelöffel Salz
½ Teelöffel Kreuzkümmel
1 Teelöffel gemahlene Kurkuma
Pflanzenöl
1 Esslöffel Tomatenmark
2 persische getrocknete Limetten
1 kleine Chilischote, gehackt
1 Stück Lammknochen (etwa 500 g)
1 große mehlig kochende Kartoffel
2 Tomaten, klein geschnitten

Die Kichererbsen am besten über Nacht einweichen, ansonsten 1 Stunde in Wasser vorkochen.

Das Fleisch in Würfel schneiden, mit Salz, Kreuzkümmel und Kurkuma würzen. Etwas Pflanzenöl in einem Topf erhitzen und das Fleisch darin anbraten.

Tomatenmark, Limetten (mit einem Messer anschneiden, so geben sie mehr Aroma ab) sowie die Chilischote zugeben.

Die Kichererbsen durch ein Sieb abgießen, abspülen und ebenfalls zugeben.

Alles mit Wasser auffüllen, den Knochen einlegen und etwa 90 Minuten köcheln, bis Kichererbsen und Fleisch weich sind.

Die Kartoffel schälen und in Würfel schneiden. Mit den Tomaten dazugeben und nochmals 15 Minuten köcheln lassen. Den Knochen und die Reste der Limetten – soweit diese nicht verkocht sind – entfernen und mit Salz und Kreuzkümmel abschmecken.

Im Iran wird dieser Eintopf oft auf eine spezielle Art gegessen: Dazu wird die Flüssigkeit abgegossen und vorweg mit Fladenbrot serviert. Das Fladenbrot teilt man in Stücke und weicht es in der Suppe ein. Die festen Bestandteile werden im Mixer püriert oder mit einem Stößel zerstampft und als zweiter Gang verzehrt, dazu reicht man Salat und rohe rote Zwiebeln.

Christoph Hauser

Gaisburger Marsch mit Bärlauchspätzle

FÜR 4 PERSONEN

---

1 Rinderbeinscheibe
Pflanzenöl
3 Schalotten
1 Petersilienwurzel
400 g Knollensellerie
300 g Karotten
4 Frühlingszwiebeln
3 Pimentkörner
6 Nelken
3 Lorbeerblätter
4 Wacholderbeeren
1 Teelöffel grüne Pfefferkörner
2 Prisen Salz
frisch gemahlener schwarzer Pfeffer
1 Prise Zucker
2 mittelgroße Kartoffeln, geschält

BÄRLAUCHSPÄTZLE
120 g frischer Bärlauch, fein geschnitten
4 Eier
Salz
200 g Mehl
Butter und Rapsöl zum Braten

Die Rinderbeinscheibe in einer Pfanne mit etwas Öl auf beiden Seiten scharf anbraten, dann in einen 5-Liter-Topf geben.

Die Schalotten ungeschält in Scheiben schneiden und in der gleichen Pfanne anrösten, sie dürfen karamellisieren und Farbe bekommen. Mit etwas Wasser ablöschen und den Röstsud in den Topf geben.

Petersilienwurzel, Sellerie, Frühlingszwiebeln und Karotten schälen und über Nacht kalt stellen, die Schalen zur Beinscheibe geben.

Mit 3 Litern Wasser und den Gewürzen auffüllen und 3 Stunden leicht simmern lassen. Das Fleisch über Nacht im Kühlschrank im Fond auskühlen lassen. Dadurch kann sich das Fleisch entspannen und den Fond wieder aufsaugen.

Am nächsten Tag das Fleisch entnehmen, vom Knochen lösen und grob in walnussgroße Stücke schneiden. Die Brühe durch ein Sieb passieren und auf etwa 1,5 Liter einkochen. Mit Salz und Pfeffer abschmecken.

Das vorbereitete Gemüse und die Kartoffeln ebenfalls in walnussgroße Stücke schneiden und in den reduzierten Sud geben, darin 20–30 Minuten gar ziehen lassen. Danach das Fleisch und die Frühlingszwiebeln zugeben und erwärmen.

Für die Spätzle den Bärlauch mit Eiern und Salz fein mixen und mit dem Mehl zu einem homogenen Teig verkneten, bis er Blasen wirft. Den Teig entweder vom Brett in kochendes Wasser schaben oder in einer Spätzlepresse verarbeiten. Das Wasser einmal aufkochen, die Spätzle mit einem Schaumlöffel herausheben und in kaltem Wasser abschrecken. In Butter und Rapsöl anbraten.

Aglaia Kremezi

Griechische Osterlamm-Suppe

FÜR 6–8 PERSONEN

Kopf, Nacken, Darm und Leber eines Milchlamms oder 2,5 kg Lammbrust mit Knochen
2 große Zwiebeln, halbiert
Salz und frisch gemahlener schwarzer Pfeffer
120 ml Olivenöl extra vergine
1 Bund Frühlingszwiebeln, fein gehackt
1 kleine scharfe Chilischote, fein gehackt (oder ersatzweise Chilipulver nach Geschmack)
1 großes Bund frischer Dill, gehackt
2 Eier
Saft von 1 Zitrone, oder mehr nach Geschmack

Lammkopf und -nacken oder Lammbrust gründlich waschen und mit den Zwiebeln in einen großen Topf geben. Mit kaltem Wasser bedecken. Kräftig salzen und etwa 1 Stunde köcheln lassen, dabei den aufsteigenden Schaum von der Oberfläche abschöpfen.

Wenn Sie Lammdarm verwenden, in Stücke schneiden, aufschlitzen und gründlich ausspülen. Die Darmstücke in einem zweiten Topf mit kochendem Salzwasser 2 Minuten blanchieren. Mit einem Schaumlöffel herausheben, das Wasser wegschütten. Den Lammdarm fein hacken (Sie brauchen nur etwa eine Tasse voll).

Sobald sich das Fleisch leicht vom Knochen löst, Lammhals und -nacken oder Lammbrust aus dem Topf heben. Den Kopf mit einem scharfen Messer aufschneiden und das Fleisch herauslösen. Das Lammfleisch in kleine Stücke schneiden. Die Brühe durchsieben und die Zwiebeln wegwerfen. Abkühlen lassen und dann in den Kühlschrank stellen, damit das Fett fest wird und sich leichter abschöpfen lässt. (Alle bisherigen Vorbereitungen lassen sich einen Tag im Voraus erledigen).

Wenn Sie Lammleber verwenden, diese gut waschen und fein würfeln. Das Olivenöl in einer tiefen Pfanne erhitzen und Leber, Frühlingszwiebeln und Chili darin anbraten. Lammfleisch und ggf. Lammdarm sowie den Dill dazugeben; ein wenig Dill zum Garnieren beiseitestellen. Ein paarmal mit einem Holzlöffel umrühren. In einen großen Topf füllen, die durchgesiebte Brühe und die gleiche Menge Wasser angießen und zum Kochen bringen. Die Temperatur herunterschalten und 15 Minuten köcheln lassen. Mit Salz und Pfeffer abschmecken.

Die Eier in einer Schüssel mit 2 Esslöffeln Wasser und dem Saft von 1 Zitrone verquirlen. Nach und nach tassenweise heiße Suppe dazugießen, dabei ständig mit einem Schneebesen rühren. Sobald die Eiermischung heiß ist, bei sehr niedriger Temperatur langsam in den Topf gießen und dabei ständig rühren, damit sie nicht gerinnt. Probieren und mit Zitronensaft abschmecken.

Die Suppe auf Schälchen verteilen und mit dem restlichen Dill bestreut servieren.

Sally Butcher

Iranische Granatapfel-Suppe (Ash-e Anar)

FÜR 4 PERSONEN

---

3 mittelgroße Zwiebeln
ein wenig Pflanzenöl oder Ghee
1 Teelöffel gemahlene Kurkuma
½ Teelöffel Zimtpulver
200 g halbe Schälerbsen
2,5 l hochwertige Gemüsebrühe (gutes Wasser reicht auch)
500 g Lammhackfleisch
Salz und frisch gemahlener schwarzer Pfeffer
je ½ Bund Petersilie und Koriander, gehackt
1 Handvoll Minze, gehackt
1 Bund Frühlingszwiebeln, gehackt
175 g Kritharaki-Nudeln (Orzo) oder Rundkornreis
2 Esslöffel Zucker
250 ml Granatapfelsirup
gebratene Zwiebeln und Minze oder Granatapfelkerne zum Garnieren (optional)

Zwei der Zwiebeln schälen, hacken und mit etwas Pflanzenöl oder Ghee in einem großen Topf anbraten. Kurkuma und Zimt einrühren, gefolgt von den Schälerbsen, und mit der Gemüsebrühe aufgießen. Zum Kochen bringen und etwa 10 Minuten köcheln lassen.

Währenddessen die dritte Zwiebel schälen und in eine Schüssel mit dem Hackfleisch reiben, mit Salz und Pfeffer würzen und unterkneten.

Gehackte Kräuter, Frühlingszwiebeln sowie die Kritharaki-Nudeln oder den Reis in die Suppe rühren; sobald sie wieder kocht, dann Zucker und Granatapfelsirup zugeben.

Die Fleischmasse zu winzigen Bällchen rollen und diese ebenfalls dazugeben. Das Ganze 30 Minuten ganz sanft köcheln lassen.

Die Suppe auf Schälchen verteilen. Sie schmeckt mit knusprigen gebratenenen Zwiebeln und Minze garniert sehr lecker, oder, falls sie gerade Saison haben, mit ein paar dicken Granatapfelkernen bestreut.

Mark Bittman

Rindfleisch- oder Schweinefleischsuppe mit Reis nach koreanischer Art

FÜR 4 PERSONEN

---

3 Esslöffel Pflanzenöl
450 g Rindernacken oder Schweineschulter ohne Knochen, in 1-cm-Würfel geschnitten
Salz
3 Knoblauchzehen, geschält und kleingehackt
2 l Rinder- oder Hühnerbrühe oder Wasser
185 g Langkornreis
2 Esslöffel Sesamsamen
1 Teelöffel Chiliflocken, plus ein wenig zum Servieren
4 Frühlingszwiebeln
6 Selleriestangen samt Blättern
1 Esslöffel Sesamöl, plus ein wenig zum Servieren
3 Esslöffel Sojasoße, plus ein wenig zum Servieren
1 Esslöffel Reisessig

In einem großen Topf 1 Esslöffel Pflanzenöl bei hoher Temperatur erhitzen. Wenn es beinahe raucht, die Fleischwürfel hineingeben, mit Salz bestreuen und 3–5 Minuten anbraten, dabei ein- oder zweimal umrühren, bis sie anfangen, braun zu werden. Den Knoblauch unterrühren und 30 Sekunden mitgaren.

Brühe oder Wasser, Reis und eine weitere Prise Salz zugeben. Wieder zum Kochen bringen und 10–15 Minuten köcheln lassen, bis der Reis beinahe gar ist.

Sesam und 1 Teelöffel Chiliflocken in eine mittelheiße Pfanne geben. 3–5 Minuten anbraten und dabei die Pfanne hin und wieder rütteln, bis sie leicht geröstet sind und duften.

Die Frühlingszwiebeln putzen und fein schneiden; weiße und grüne Anteile trennen. Selleriestangen und -blätter (falls vorhanden) hacken.

Sobald Sesam und Chiliflocken fertig sind, die Pfanne vom Herd nehmen und Sesamöl, das restliche Pflanzenöl sowie Sojasoße und den Reisessig unterziehen, beiseitestellen.

Wenn der Reis gerade gar ist, die Sellerieblätter und das Weiße der Frühlingszwiebeln in die Suppe rühren. 2–3 Minuten weitergaren, bis der Reis richtig durch ist (er darf ein bisschen weich sein). Der Sellerie sollte zart, aber noch knackig sein.

Die Suppe auf Schälchen verteilen. Mit dem Sesam-Chili-Öl beträufeln, mit grünen Frühlingszwiebeln garnieren und servieren. Wenn Sie mögen, bei Tisch noch mehr Sojasoße, Sesamöl und Chiliflocken dazu reichen.

Christian Rach

Marokkanischer Kalbseintopf mit scharfer Joghurtsoße

FÜR 6–8 PERSONEN

---

800 g Kalbfleisch zum Schmoren
1 rote Chilischote
5–6 Esslöffel hochwertiges Olivenöl
2 Zwiebeln, in Würfel geschnitten
2 Karotten, in mitteldicke Scheiben geschnitten
1 Lauchstange (nur die hellen Teile), in Ringe oder Würfel geschnitten
1 rote Paprikaschote, in Würfel geschnitten
1 Esslöffel Tomatenmark
4 Knoblauchzehen, in feine Scheiben geschnitten
1 Teelöffel Raz el Hanout
1 Lorbeerblatt
Salz und frisch gemahlener schwarzer Pfeffer
2 l Kalbsbrühe (ersatzweise dunkle Hühnerbrühe)
200 g Kichererbsen, gekocht
4 Strauchtomaten, gehäutet und geviertelt
1 Bund glatte Petersilie, gehackt
300 g Vollmilchjoghurt
2 Chilischoten, fein gewürfelt
Saft von ½ Limette
Salz und frisch gemahlener schwarzer Pfeffer
1 Teelöffel Zucker

Das Kalbfleisch grob von Fett und Sehnen befreien und in etwa 2 cm große Würfel schneiden.

Die Chilischote mehrfach mit einer Gabel einstechen. In einem großen Topf 3 Esslöffel Olivenöl erhitzen und darin das Kalbfleisch, eventuell portionsweise, rundherum anbraten, bis es von allen Seiten Farbe angenommen hat.

Das Fleisch aus dem Topf heben, das restliche Olivenöl zugeben und Zwiebeln sowie Karotten darin anbraten. Sobald das Gemüse Farbe annimmt, Lauch und Paprika zugeben und weitere 5 Minuten bei mittlerer Temperatur anbraten.

Tomatenmark und Knoblauch zugeben, 1 Minute rösten, dann Fleisch, Raz el Hanout, Lorbeerblatt und Chilischote zugeben. Mit Salz und Pfeffer würzen und die Kalbsbrühe angießen. Den Eintopf zum Kochen bringen, die Temperatur herunterschalten und mit Deckel leise köcheln lassen. Nach etwa 30 Minuten die Kichererbsen kalt abspülen und zum Eintopf geben. Ebenso die Tomaten. Weitere 30–60 Minuten simmern lassen, bis das Fleisch weich ist. Dann die Petersilie zugeben und 5 Minuten mitkochen.

Für die Joghurtsoße Joghurt, Chili und Limettensaft verrühren, mit Salz, Pfeffer und Zucker abschmecken und kühlen.

Den Eintopf auf Schälchen verteilen und die Joghurtsoße dazu reichen.

Helena Zakharia

Nahöstliche Fleischbällchen-suppe mit Gemüse

FÜR 6–8 PERSONEN

---

350 g getrocknete Kichererbsen, über Nacht eingeweicht
1,5 l Rinderbrühe
150 g feiner Bulgur
300 g Rinderhackfleisch
Salz und frisch gemahlener schwarzer Pfeffer
3 Zwiebeln, fein gehackt
3 Esslöffel Pflanzenöl
2 Esslöffel getrocknete Minze
2 Esslöffel Tomatenmark
1 Knoblauchzehe, fein gehackt
Saft von 1–2 Zitronen
3 kleine Zucchini, geschält, entkernt und in Halbmonde geschnitten

Das Wasser der Kichererbsen abgießen und die Kichererbsen anschließend in der Rinderbrühe etwa 1 Stunde gar kochen. (Wenn Sie einen Drucktopf nehmen, geht es schneller.)

Für die Fleischbällchen den Bulgur waschen und abtropfen lassen. Hackfleisch, etwas Salz und Pfeffer sowie eine der gehackten Zwiebeln in einer Küchenmaschine oder einem Standmixer zu feiner Paste pürieren. Mit nassen Händen murmelgroße Fleischbällchen daraus formen.

Die Hälfte des Öls in einer großen Pfanne erhitzen und die Fleischbällchen darin anbräunen. Beiseitestellen.

Die restlichen gehackten Zwiebeln im restlichen Pflanzenöl mit 1 Prise Salz anbraten, bis sie weich und leicht angebräunt sind. Minze, Tomatenmark, Knoblauch, Zitronensaft und Pfeffer gründlich unterrühren und 2 Minuten mitgaren.

Die Zwiebelmischung zu den gekochten Kichererbsen in die Rinderbrühe geben. Zucchini und Fleischbällchen unterrühren und 15–20 Minuten sanft köcheln lassen, bis das Fleisch durchgegart und das Gemüse zart ist.

Die Suppe auf Schälchen verteilen und heiß servieren.

Veronica Pecorella

Grüne Spargelsuppe mit pochierten Eiern und gebratenen Garnelen

FÜR 4 PERSONEN

---

1 kg grüner Spargel
1 Esslöffel Olivenöl extra vergine
1 mittelgroße Zwiebel, grob gehackt
1 Lauchstange, geputzt und in Ringe geschnitten
Salz
frisch gemahlener schwarzer Pfeffer
4 Eier
1 Spritzer Weißweinessig
1 Esslöffel Butter
12 mittelgroße Garnelen, ausgepult und gekocht

Mit einem Gemüseschäler den Spargel bis 2 cm unterhalb der Spitze schälen; die Schalen aufbewahren. Die Spitzen abschneiden.

Die restlichen Stangen mindestens 10 Minuten in Salzwasser kochen, mit einem Schaumlöffel herausheben und in Eiswasser tauchen, damit sie nicht weitergaren und ihre schöne Farbe behalten.

Die Spitzen im gleichen Kochwasser garen, aber nur 3 Minuten, damit sie knackig bleiben. Ebenfalls herausheben und in eine zweite Schüssel mit Eiswasser legen.

Für die Brühe auch die Spargelschalen 30 Minuten in dem kochenden Wasser garen. Die Brühe durch ein Sieb gießen und abkühlen lassen.

Das Olivenöl in einer Pfanne erhitzen, dann Zwiebel und Lauch darin anbraten, bis sie glasig sind. Die Spargelstangen mit den Zwiebeln und dem Lauch in einer Küchenmaschine oder mit dem Stabmixer pürieren und dabei die Brühe nach und nach zugeben, bis eine glatte Creme entstanden ist. Diese in einen Topf gießen, die Spargelspitzen hineingeben, vorsichtig erwärmen und mit Salz und Pfeffer würzen.

Die Eier mit 1 Spritzer Weißweinessig 30 Sekunden in kochendem Salzwasser pochieren. Die Butter in einer kleinen Pfanne erhitzen und die Garnelen kurz darin anbraten, bis sie Farbe annehmen.

Die Spargelcremesuppe auf Schälchen verteilen und mit den pochierten Eiern und Garnelen garnieren. Warm servieren.

Helena Zakharia

Hühnersuppe

FÜR 6–8 PERSONEN

---

3 Hähnchenschenkel (das Fett entfernt)

1 große Zwiebel, grob gehackt

½ Teelöffel Zimtpulver

½ Teelöffel gemahlener Piment

Salz

2 Zucchini, fein gehackt

2 Karotten, fein gehackt

1 Tomate, in kleine Würfel geschnitten

4–5 Esslöffel in kurze Stücke gebrochene Vermicelli

Saft von 1–2 Zitronen

1 kleines Bund Petersilie, grob gehackt

Die Hähnchenschenkel in einen großen Topf mit 2 Litern Wasser geben. Bei mittlerer Temperatur zum Kochen bringen; aufsteigenden Schaum von der Oberfläche abschöpfen. Auf ein Köcheln herunterschalten, dann Zwiebel, Zimt, Piment und etwas Salz zugeben. Etwa 45 Minuten sanft köcheln lassen, bis das Huhn gar ist. Währenddessen den Schaum immer wieder abschöpfen.

Die Hähnchenschenkel aus der Brühe heben und zum Abkühlen beiseitestellen. Knochen, Knorpel und Haut entfernen und wegwerfen, das Fleisch in kleine Stücke zupfen.

Das zerkleinerte Gemüse in die Brühe geben und etwa 25 Minuten kochen, bis es gar ist. Hühnerfleisch, Vermicelli und Zitronensaft dazugeben. Abschmecken und noch ein paar Minuten kochen, bis die Vermicelli al dente sind.

Die Suppe auf Schälchen verteilen und, wenn möglich, dampfend heiß servieren, mit gehackter Petersilie bestreut.

Yotam Ottolenghi und Sami Tamimi

Gondi

FÜR 4 PERSONEN

---

1 Esslöffel Olivenöl
4 Hähnchenschenkel (600 g)
2 mittelgroße Zwiebeln, geviertelt
1 große Karotte, geschält, in 3-cm-Stücken
½ Teelöffel gemahlene Kurkuma
2 ganze iranische getrocknete Limetten, ein paarmal mit einem Messer angestochen
1 kleines Bund (30 g) Petersilie
20 schwarze Pfefferkörner
1 Teelöffel Salz
250 g Cannellini-Bohnen, gekocht
1 Esslöffel Limettensaft zum Servieren
10 g Korianderblätter zum Servieren

FLEISCHBÄLLCHEN
250 g Hühnerhackfleisch
1½ Esslöffel (25 g) zerlassene Butter
100 g Kichererbsenmehl
1 mittelgroße Zwiebel, fein zerkleinert (180 g)
10 g Petersilie, fein gehackt
½ Teelöffel gemahlener Kardamom
½ Teelöffel gemahlener Cumin
¼ Teelöffel gemahlene Kurkuma
1 Esslöffel Rosenwasser
¼ Teelöffel schwarze Pfefferkörner, zerstoßen
1 Teelöffel Salz

Das Olivenöl in einem großen Topf bei mittlerer Temperatur erhitzen. Die Hähnchenschenkel 8 Minuten leicht darin anbraten, dabei einmal wenden. Zwiebeln, Karotte, Kurkuma, getrocknete Limetten, zusammengebundene Petersilie, Pfefferkörner und Salz dazugeben. 1,5 Liter Wasser angießen, erhitzen und mit Deckel 40 Minuten köcheln lassen. Dann Huhn und Gemüse mit einem Schaumlöffel aus dem Topf heben (bewahren Sie das Fleisch für einen Salat oder als Sandwichbelag auf). Die Limetten wieder in die Suppe geben und alles beiseitestellen.

Alle Zutaten für die Fleischbällchen in eine Schüssel geben. Gründlich vermischen und mit nassen Händen 16 runde Bällchen von jeweils 30–35 g aus der Masse formen.

Die Brühe sanft köcheln lassen und die Cannellini-Bohnen hineingeben. Die Fleischbällchen vorsichtig hineingleiten lassen und mit Deckel bei niedriger Temperatur 30 Minuten köcheln lassen. Die Bällchen quellen in der Flüssigkeit auf. Den Deckel abnehmen und weitere 20 Minuten köcheln lassen, bis sich Geschmack und Konsistenz der Suppe konzentriert haben. Wenn nötig, etwas Wasser zugießen oder die Flüssigkeit länger einkochen lassen.

Die Suppe mit einem Schuss Limettensaft und den Korianderblättern servieren.

Nur Ilkin und Sheilah Kaufman

Türkische Reis-Hühnersuppe

FÜR 4–6 PERSONEN

---

2 ganze Hähnchenschenkel (650 g)
1 Zwiebel, halbiert
1 kleine Karotte, geschält und halbiert
ein paar Stängel glatte Petersilie, zusammengebunden
1 Lorbeerblatt
6 schwarze Pfefferkörner
Meersalz
100 g Mittelkornreis
2 Esslöffel Rapsöl
1 Esslöffel Butter
1 Teelöffel Tomatenmark
1 Teelöffel rote Paprikapaste
1 Esslöffel Mehl
1 Teelöffel getrocknete Minze
75 g Kichererbsen, gekocht und abgetropft (oder aus der Dose)
Zitronenschnitze zum Garnieren

In einem großen Topf 1,2 Liter Wasser zum Kochen bringen. Hähnchenschenkel, Zwiebel, Karotte, Petersilie, Lorbeerblatt, Pfefferkörner und Salz nach Geschmack hineingeben. Die Temperatur herunterschalten und mit Deckel 40–45 Minuten köcheln lassen, bis das Fleisch gar ist. Dann die Hähnchenschenkel herausheben und auf einem Teller abkühlen lassen. Die Kochflüssigkeit durch ein Sieb gießen und beiseitestellen. Sobald das Huhn abgekühlt ist, Haut und Knochen entfernen und das Fleisch in mundgerechte Stücke zupfen. Beiseitestellen.

In einem mittleren bis großen Topf 250 Milliliter Wasser zum Kochen bringen. Den Reis hineingeben und mit Deckel 10–12 Minuten köcheln lassen, bis er gar ist (oder nach Packungsanweisung zubereiten). 900 Milliliter der aufbewahrten Hühnerbrühe (wenn nicht genug da ist, mit Wasser verdünnen) und das Hühnerfleisch dazugeben und 4–5 Minuten mitköcheln.

In der Zwischenzeit Rapsöl und Butter in einer kleinen Pfanne erhitzen. Tomatenmark und Paprikapaste, Mehl und getrocknete Minze gründlich einrühren. Über die Suppe gießen und gut untermischen. Die Kichererbsen dazugeben und 5 Minuten mitgaren.

Die Suppe auf Schälchen verteilen und heiß servieren – mit den Zitronenschnitzen.

Iman Sabbagh

Hühnersuppe mit Freekeh

FÜR 4–6 PERSONEN

---

1 ganzes Huhn aus Freilandhaltung (etwa 1,5 kg)
2 Zwiebeln, 1 geschält und 1 geschält und fein gehackt
2 Karotten, geschält
1 kleine Zimtstange
3 ganze Pimentkörner
1 Petersilienstängel
1 Lorbeerblatt
Salz
200 g gerösteter grüner Weizen (Freekeh), ganz oder geschrotet

Das Huhn in einen großen Topf geben und mit Wasser bedecken. Bei mittlerer bis hoher Temperatur zum Kochen bringen und mit einem feinmaschigen Sieb den aufsteigenden Schaum abschöpfen. Sobald die Flüssigkeit kocht, die Temperatur reduzieren und die ganze Zwiebel sowie die Karotten, Zimt, Piment, Petersilie, Lorbeerblatt und etwas Salz zugeben. Das Ganze 60–90 Minuten sanft köcheln lassen, bis das Huhn gar ist. Den Schaum immer wieder abschöpfen.

Das Huhn aus der Brühe heben und so weit abkühlen lassen, dass man es anfassen kann. Knochen, Knorpel und Haut entfernen. Das Hühnerfleisch in kleine Stücke zupfen und beiseitestellen.

Die gehackte Zwiebel und den Freekeh-Weizen in die Brühe geben und diese aufkochen lassen. Dann die Temperatur herunterschalten und alles mit Deckel köcheln lassen, bis der Weizen weich ist (10–15 Minuten bei geschroteten Körnern, 45–60 Minuten bei ganzen). Vielleicht müssen Sie Wasser nachgießen, je nachdem, welche Konsistenz Sie bevorzugen. Das Hühnerfleisch zugeben, sobald der Freekeh gar ist und nochmals abschmecken.

Die Suppe auf Schälchen verteilen und an einem kalten Wintertag dampfend heiß servieren.

Diala Kourie

Kishk-Suppe

FÜR 4–6 PERSONEN

60 ml Olivenöl extra vergine
1 kleine Zwiebel, gehackt
1 Knoblauchzehe, gehackt
200 g Rinder- oder Lammhackfleisch (nicht zu mager) oder libanesisches eingelegtes Fleisch (Awarma)
Salz und frisch gemahlener schwarzer Pfeffer
1 mittelgroße Kartoffel, in Würfel geschnitten
150 g Kishk (fermentierter getrockneter Joghurt mit Bulgur; in nahöstlichen Lebensmittelgeschäften zu finden)

Das Olivenöl in einem großen Topf bei mittlerer bis hoher Temperatur erhitzen. Die Zwiebel hineingeben und 2–3 Minuten unter gelegentlichem Rühren anbraten. Dann den Knoblauch dazugeben und Hackfleisch oder Awarma einrühren. Mit reichlich Salz und Pfeffer würzen.

Die Kartoffel unterziehen und 5 Minuten bei niedriger Temperatur dünsten.

Den getrockneten Kishk-Joghurt sowie 1 Liter Wasser dazugeben und unter ständigem Rühren köcheln lassen, bis die Mischung andickt und die Kartoffeln gar sind; das dauert etwa 10 Minuten. Sie sollte die Konsistenz von dünnem Porridge haben (mehr Wasser einrühren, wenn nötig).

Die Suppe auf Schälchen verteilen und warm servieren.

Alexandro Pape

Joghurt-Minz-Reissuppe

FÜR 4 PERSONEN

---

50 g Butter
1 Knoblauchzehe, geschält
1 frisches Lorbeerblatt
850 ml würzige Geflügelbrühe
250 ml Ziegenmilch
150 g Jasmin-Duftreis
1 Eigelb
150 ml fester Joghurt (auch Schaf- oder Ziegenjoghurt möglich)
3 Teelöffel getrocknete Minze, fein gerebelt
Meersalz und frisch gemahlener schwarzer Pfeffer
Abrieb von 1 unbehandelten Zitrone
frische Minzblätter

Die Butter in einem Topf zerlassen. Knoblauchzehe und Lorbeerblatt darin glasieren. Geflügelbrühe und Ziegenmilch angießen.

Die Flüssigkeit zum Köcheln bringen. Unter ständigem Rühren den Jasminreis zugeben und gar köcheln lassen.

Das Eigelb mit dem Joghurt in einer Schüssel verrühren. Etwa 150 Milliliter der Ziegenmilch-Brühe mit der Ei-Joghurt-Mischung verrühren. Den Topf von der Herdplatte nehmen und die Mischung unter ständigem Rühren zum Rest der Reisbrühe geben. Das Lorbeerblatt und den Knoblauch entfernen.

Die gerebelte Minze zugeben und alles mit Meersalz und schwarzem Pfeffer würzen. Mit Zitronenabrieb verfeinern.

Die Suppe auf Schälchen verteilen und heiß servieren, mit frischen Minzblättern garniert.

Necibe Dogru

Schäfersuppe

FÜR 4–6 PERSONEN

---

150 g grober Bulgur

Salz und frisch gemahlener schwarzer Pfeffer

1 Ei (am besten Bio)

500 g Joghurt

100 ml Olivenöl extra vergine

1 Esslöffel getrocknete Minze

Den Bulgur in ein Sieb geben und unter fließendem Wasser waschen, bis das Wasser klar bleibt. In einen mittelgroßen Topf schütten.

1,5 Liter Wasser sowie Salz und Pfeffer dazugeben. Mit Deckel bei hoher Temperatur zum Kochen bringen. Sobald das Wasser sprudelt, auf mittlere bis niedrige Stufe herunterschalten. Etwa 15 Minuten köcheln lassen, bis die komplette Flüssigkeit absorbiert wurde. Vom Herd nehmen. Den Bulgur abgedeckt 5 Minuten ziehen lassen, dann den Deckel abnehmen und mit einer Gabel lockern.

Das Ei in eine Schüssel aufschlagen und den Joghurt mit dem Schneebesen gründlich unterschlagen. Vorsichtig über den gekochten Bulgur gießen. Bei sehr niedriger Temperatur garen, bis der Joghurt warm ist, aber nicht kocht.

Olivenöl und getrocknete Minze in einem kleinen Topf verrühren. Bei mittlerer Temperatur erhitzen, dabei darauf achten, dass die Minze nicht anbrennt. Über den gekochten Bulgur gießen und gründlich vermengen.

Die Suppe auf Schälchen verteilen und sofort servieren.

Zeina El Zein Maktabi

Karotten-Ingwer-Suppe

FÜR 4–6 PERSONEN

---

3 Esslöffel Butter
1 Zwiebel, fein gehackt
6–7 große Karotten, geschält und in Scheiben geschnitten
1 Kartoffel, geschält und in Würfel geschnitten
Salz
475 ml Hühner- oder Gemüsebrühe
Wasser
Abrieb von 1 unbehandelten Orange, plus ein wenig zum Garnieren
1 Esslöffel geriebener Ingwer
abgehobelte Ingwerstreifen zum Garnieren

Die Butter bei mittlerer Temperatur in einem großen Topf zerlassen. Die Zwiebel hineingeben und unter Rühren etwa 3 Minuten anbraten, bis sie weich, aber nicht braun ist.

Karotten und Kartoffel einrühren und 5–6 Minuten dünsten, dabei häufig umrühren. Mit etwas Salz würzen.

Hühner- oder Gemüsebrühe sowie 475 Milliliter Wasser angießen und zum Kochen bringen. Dann Orangenabrieb und Ingwer einrühren. Die Temperatur herunterschalten und mit Deckel 30–35 Minuten köcheln lassen, bis das Gemüse gar ist.

Zum Pürieren der Suppe einen Mixer oder eine Küchenmaschine höchstens zur Hälfte füllen. Langsam beginnen und die Hand auf dem Deckel lassen, falls er vom aufsteigenden Dampf nach oben gedrückt wird. Auf hohe Stufe schalten und etwa 1 Minute fein pürieren. Möglicherweise müssen Sie das portionsweise machen.

Die Suppe auf Schälchen verteilen und warm servieren, mit feinen Ingwerstreifen garniert.

Alice Waters

Karottensuppe

FÜR 8 PERSONEN

---

4 Esslöffel Butter, plus etwas zusätzlich zum Anbraten (optional)
2 Zwiebeln, in Ringe geschnitten
1 Thymianzweig
1 kg Karotten, geschält und in Scheiben geschnitten
2 Teelöffel Salz oder nach Geschmack
1,5 l Hühner- oder Gemüsebrühe
120 ml geschlagene Sahne oder Crème fraîche (optional)
frisch gemahlener schwarzer Pfeffer
1 kleine Handvoll Kerbel, Schnittlauch oder Estragon, fein gehackt (optional)
Olivenöl (optional)
1 Esslöffel Cuminsamen (optional)

Die Butter in einem schweren Topf bei niedriger bis mittlerer Temperatur zerlassen. Zwiebeln und Thymian hineingeben und unter gelegentlichem Rühren etwa 10 Minuten dünsten, bis die Zwiebeln weich sind.

Die Karotten zugeben, salzen und 5 Minuten mitdünsten. (Wenn die Karotten eine Weile mit den Zwiebeln garen, wird ihr Geschmack intensiver.)

Die Hühner- oder Gemüsebrühe angießen und zum Kochen bringen. Dann die Temperatur herunterschalten und etwa 30 Minuten köcheln lassen, bis die Karotten gar sind.

Mit Salz abschmecken und, wenn gewünscht, pürieren.

Die Suppe auf Schälchen verteilen und warm servieren. Wer möchte, würzt die Sahne oder Crème fraîche mit etwas Salz, Pfeffer sowie gehacktem Kerbel, Schnittlauch oder Estragon und verwendet sie zum Garnieren. Stattdessen können Sie auch ein wenig Butter oder Olivenöl erhitzen, 1 Esslöffel Kuminsamen darin brutzeln lassen und als alternative Garnierung über die Suppe löffeln.

Joumana Accad

Karotten-Süßkartoffel-Suppe

FÜR 4–6 PERSONEN

---

2 Esslöffel Butter
450 g Zwiebeln, gehackt
450 g Süßkartoffeln, geschält und in Würfel geschnitten
450 g Karotten, geschält und gehackt
1 Esslöffel gemahlener Cumin
1 l Hühner- oder Gemüsebrühe
120 ml Sahne
Salz und frisch gemahlener schwarzer Pfeffer
Chiliflocken (optional)

Die Butter in einem großen Topf bei mittlerer bis hoher Temperatur erhitzen. Die Zwiebeln hineingeben und 2–3 Minuten anbraten, dabei gelegentlich umrühren. Süßkartoffeln und Karotten dazugeben. Weitere 1–2 Minuten dünsten, dann den Cumin gründlich unterrühren und 2 Minuten mitgaren.

Die Brühe angießen, umrühren und zum Köcheln bringen. Bei mittlerer Temperatur etwa 30 Minuten garen, bis die Süßkartoffeln weich sind.

Zum Pürieren der Suppe einen Mixer oder eine Küchenmaschine höchstens zur Hälfte füllen. Langsam beginnen und die Hand auf dem Deckel lassen, falls er vom aufsteigenden Dampf nach oben gedrückt wird. Auf hohe Stufe schalten und etwa 1 Minute fein pürieren. Möglicherweise müssen Sie das portionsweise machen.

Die Suppe in einen sauberen Topf geben und bei niedriger Temperatur erwärmen. Die Sahne dazugeben, gut einrühren und mit Salz und Pfeffer abschmecken.

Die Suppe auf Schälchen verteilen, mit Chiliflocken garnieren und warm servieren.

Martyna Monaco

Kartoffel-Zwiebel-Suppe mit Salbei

FÜR 4 PERSONEN

---

1 Esslöffel Butter
1 Zwiebel, gehackt
1 frischer Salbeizweig
450 g Kartoffeln, geschält und in Stücke geschnitten
1 l Gemüsebrühe
250 ml Milch
1 Prise Cayennepfeffer
Salz und frisch gemahlener schwarzer Pfeffer

Die Butter in einem großen Topf bei mittlerer bis hoher Temperatur erhitzen. Zwiebel und Salbei hineingeben und 2–3 Minuten anbraten, dabei gelegentlich umrühren. Die Kartoffeln einrühren und noch 1 Minute mitgaren.

Die Gemüsebrühe angießen, gut umrühren und zum Köcheln bringen. Bei mittlerer Temperatur 30–35 Minuten garen, bis die Kartoffeln weich sind.

Zum Pürieren der Suppe einen Mixer oder eine Küchenmaschine höchstens zur Hälfte füllen. Langsam beginnen und die Hand auf dem Deckel lassen, falls er vom aufsteigenden Dampf nach oben gedrückt wird. Auf hohe Stufe schalten und etwa 1 Minute fein pürieren. Möglicherweise müssen Sie das portionsweise machen.

Die Suppe in einen sauberen Topf geben und bei niedriger Temperatur erwärmen. Die Milch angießen, gut einrühren und probieren. Nach Geschmack mit Cayennepfeffer, Salz und schwarzem Pfeffer würzen.

Laurie Constantino

Griechische Kichererbsensuppe mit Zitrone und Rosmarin

FÜR 4 PERSONEN

---

60 ml Olivenöl extra vergine, plus ein wenig zum Beträufeln
2 Zwiebeln, in Würfel geschnitten
1 Teelöffel Salz oder nach Geschmack
frisch gemahlener schwarzer Pfeffer
350 g Kichererbsen, gekocht oder aus der Dose (falls es die Zeit erlaubt, geschält)
1 Esslöffel, plus 1 Teelöffel Rosmarin, fein gehackt oder nach Geschmack mehr
60 ml frisch gepresster Zitronensaft oder nach Geschmack
Rosmarinnadeln zum Garnieren

Das Olivenöl in einem großen Topf bei mittlerer Temperatur erhitzen. Die Zwiebeln hineingeben, mit Salz und etwas Pfeffer würzen und anbraten, bis sie weich werden und leicht anbräunen.

Die Kichererbsen, 1 Liter Wasser sowie 1 Esslöffel gehackten Rosmarin unterrühren. Zum Kochen bringen, die Temperatur herunterschalten und 30–40 Minuten köcheln lassen.

Die Suppe in einer Küchenmaschine oder mit dem Stabmixer fein pürieren.

Zitronensaft, Salz und 1 Teelöffel Rosmarin einrühren. Probieren und nach Geschmack mehr von allem hinzufügen. Wenn die Suppe zu dick ist, mit Wasser auf die gewünschte Konsistenz verdünnen.

Die Suppe auf Schälchen verteilen, mit etwas Olivenöl beträufeln und mit frischem Rosmarin garnieren.

Nelson Müller

Eintopf von Kichererbsen und Garnelen mit Chorizo

FÜR 4 PERSONEN

---

280 g Kichererbsen, über Nacht eingeweicht und abgegossen
Olivenöl
2 Schalotten, in feine Würfel geschnitten
1 Esslöffel Tomatenmark
125 ml trockener Weißwein
2 Knoblauchzehen, geschält und entkeimt
1 Lorbeerblatt
etwa 1,5 l schwache Hühnerbrühe
80 g Karotten, in Würfel geschnitten
80 g Knollensellerie, in Würfel geschnitten
140 g Kartoffeln, geschält und in Würfel geschnitten
5 Basilikumblätter
2 Petersilienstängel, fein gehackt
2 Thymianzweige, fein gehackt
200 g Chorizo, in Würfel geschnitten
4 frische Tomaten, geviertelt
Salz
Cayennepfeffer
Zitronensaft
8 Garnelen, halbiert und geviertelt (ohne Darm)

Die Kichererbsen abspülen. Das Olivenöl in einem großen Topf erhitzen und die Schalotten mit den Kichererbsen darin anschwitzen.

Das Tomatenmark zugeben und mit dem Weißwein ablöschen. Dann Knoblauch, Lorbeerblatt und die Hälfte der Hühnerbrühe zugeben.

Diese Mischung knapp 1 Stunde bei geringer Temperatur köcheln lassen, falls nötig, etwas von der Brühe angießen. Dann Karotten, Sellerie und Kartoffeln zugeben.

Kurz vor Ende der Garzeit, Kräuter, Chorizo und die frischen Tomaten zugeben. Den Eintopf aufkochen, mit Salz, Cayennepfeffer und Zitronensaft abschmecken, die Garnelen zugeben und gar ziehen lassen.

Die Suppe auf Schälchen verteilen und servieren.

Marina Ana Santos

Portugiesische Kichererbsensuppe

FÜR 2–3 PERSONEN

---

2 Esslöffel Olivenöl extra vergine
1 kleine Zwiebel, fein gehackt
2 kleine Knoblauchzehen, gehackt
2 Karotten, geschält und gehackt
1 Kartoffel, geschält und in Würfel geschnitten
150 g Kichererbsen, gekocht oder aus der Dose, plus einige zum Garnieren
450 g Spinatblätter, grob gehackt
heiße Gemüsebrühe
Salz
frisch gemahlener schwarzer Pfeffer
Chilipulver

Das Olivenöl in einem großen Topf bei mittlerer bis hoher Temperatur erhitzen. Die Zwiebel 2–3 Minuten unter gelegentlichem Rühren darin anbraten. Erst den Knoblauch, dann die Karotten und Kartoffeln einrühren und 1–2 Minuten mitgaren. Die Hälfte der Kichererbsen zugeben.

Mit Wasser bedecken, gut umrühren und zum Köcheln bringen. Einen Deckel lose aufsetzen und bei mittlerer Temperatur etwa 15 Minuten garen, bis das Gemüse gar ist.

Die Suppe im Mixer oder in einer Küchenmaschine etwa 1 Minute lang fein pürieren. Möglicherweise müssen Sie das portionsweise machen.

In einen sauberen Topf geben und bei niedriger Temperatur erwärmen. Mit so viel Gemüsebrühe auffüllen, bis die gewünschte Konsistenz erreicht ist. Die restlichen Kichererbsen und den Spinat unterziehen und 5 Minuten köcheln lassen. Mit Salz und schwarzem Pfeffer abschmecken.

Die Suppe auf Schälchen verteilen und servieren, mit Kichererbsen und Chilipulver garniert.

Beatrice Khater

Spanische Knoblauchsuppe

FÜR 4 PERSONEN

---

3 Esslöffel Olivenöl extra vergine
10 kleine Knoblauchzehen, in feine Scheiben geschnitten
4 dicke Scheiben altbackenes Bauernbrot, grob gehackt
475 ml Hühnerbrühe
Salz
4 Eier (optional)
1 Teelöffel Paprikapulver

Das Olivenöl in einem schweren Topf bei mittlerer Temperatur erhitzen. Den Knoblauch anbraten, bis er goldbraun anläuft, dabei darauf achten, dass er nicht anbrennt.

Die Brotstücke unterrühren und 1 Minute mitgaren, bis das Knoblaucharoma das Brot durchdringt.

Die Hühnerbrühe angießen und langsam zum Kochen bringen. Auf niedrige Temperatur herunterschalten und mit Deckel 20 Minuten köcheln lassen. Salz zugeben, wenn nötig.

Wenn Sie Eier verwenden, diese einzeln aufschlagen und vorsichtig in die Suppe gleiten lassen. Die ganzen Eier 3–4 Minuten pochieren.

Die Suppe auf vorgewärmte Schälchen verteilen und darauf achten, dass in jeder Schale ein Ei ist. Mit Paprikapulver bestreuen und heiß servieren.

Aline Kamakian und Serge Maacaron

Armenische Kohlsuppe

FÜR 6–8 PERSONEN

---

2 Esslöffel Olivenöl extra vergine

1 Zwiebel, fein gehackt

1 kleiner Weißkohl, fein gehobelt

3 kleine Kartoffeln, in Würfel geschnitten

2 mittelgroße Zucchini, in Scheiben geschnitten (optional)

150 g grober Bulgur

500 g Joghurt

Salz

getrocknete gemahlene Minze (optional)

Das Olivenöl bei mittlerer Temperatur in einem großen Topf erhitzen. Die Zwiebel darin 2–3 Minuten unter Rühren anbraten. Weißkohl, Kartoffeln und Zucchini unterziehen.

Den Bulgur zugeben und unter Rühren köcheln lassen, bis der Kohl anfängt, weich zu werden.

1 Liter Wasser angießen und zum Kochen bringen. Die Temperatur herunterschalten und 5 Minuten köcheln lassen.

Den Joghurt in die heiße Suppe einrühren, bis er sich vollständig aufgelöst hat.

Mit Salz und – wenn gewünscht – mit etwas getrockneter Minze würzen. Auf Schälchen verteilen und warm oder bei Zimmertemperatur servieren.

Sona Tikidjian

Scharfe Kohlsuppe

FÜR 4–6 PERSONEN

---

120 ml Olivenöl extra vergine

1 große Zwiebel, gehackt

3 Esslöffel Tomatenmark

1–2 Teelöffel rote Paprikapaste (mittel bis scharf)

1 mittelgroßer Weißkohl, gehobelt

150 g feiner Bulgur

Saft von 1 Zitrone

Salz

Das Olivenöl in einem großen Topf erhitzen und die Zwiebel darin andünsten. Tomatenmark und Paprikapaste zugeben und gründlich einrühren.

Kohl und Bulgur zugeben und 5 Minuten dünsten.

1 Liter Wasser angießen, zum Kochen bringen, dann die Temperatur herunterschalten und etwa 20 Minuten ohne Deckel köcheln lassen, bis der Kohl weich ist.

Mit Zitronensaft und Salz abschmecken.
Auf Schälchen verteilen und warm servieren.

Helena Zakharia

Kürbiscremesuppe

FÜR 4 PERSONEN

---

1 kg Kürbis, geschält, entkernt und in Stücke geschnitten

1,5 l Hühner- oder Gemüsebrühe

1 Zwiebel, fein gehackt

1 Knoblauchzehe, gehackt

½ Teelöffel getrockneter Thymian

5 schwarze Pfefferkörner

Salz

120 ml Sahne oder 250 ml Milch

Croûtons zum Garnieren

Alle Zutaten, bis auf Sahne oder Milch sowie die Croûtons, in einen großen Topf geben. Zum Kochen bringen, die Temperatur herunterschalten und 40 Minuten köcheln lassen.

Zum Pürieren der Suppe einen Mixer oder eine Küchenmaschine höchstens zur Hälfte füllen. Langsam beginnen und die Hand auf dem Deckel lassen, falls er vom aufsteigenden Dampf nach oben gedrückt wird. Auf hohe Stufe schalten und etwa 1 Minute fein pürieren. Möglicherweise müssen Sie das portionsweise machen.

Die Suppe in einen sauberen Topf geben und bei niedriger Temperatur erwärmen. Sahne oder Milch angießen und einrühren, bis sie durchgewärmt ist.

Die Suppe auf Schälchen verteilen und heiß servieren, mit Croûtons garniert.

Paola Skaff Alford

Suppe aus gebackenem Kürbis mit Kardamom

FÜR 6–8 PERSONEN

---

3 kg Kürbis (z. B. Butternut)

3 Esslöffel Pflanzenöl

2 mittelgroße Zwiebeln, gehackt

2 Lauchstangen, geputzt und gehackt

1 Teelöffel Zucker

1 Esslöffel Butter

1 Teelöffel gemahlener Kardamom

1 Prise Muskatnuss

2 l Gemüsebrühe

250 ml Sahne

Salz und frisch gemahlener schwarzer Pfeffer

Croûtons zum Garnieren

Den Backofen auf 180 °C vorheizen. Ein Backblech mit Backpapier auslegen.

Den Kürbis halbieren und entkernen, dabei innen sauber ausschaben. Mit der Schnittseite nach unten auf das Backpapier legen. Etwa 90 Minuten backen, bis er weich ist (zum Prüfen mit einer Gabel einstechen). Das Kürbisfleisch herausschaben, sobald es gar ist; die Schale wegwerfen. Das Fleisch grob hacken und beiseitestellen.

Das Pflanzenöl in einem großen Topf bei mittlerer bis hoher Temperatur erhitzen. Zwiebeln und Lauch hineingeben und 2–3 Minuten andünsten, dabei hin und wieder umrühren. Zucker und Butter einrühren. 20 Minuten unter häufigem Rühren dünsten, bis das Gemüse karamellisiert, dann das Kürbisfleisch unterziehen.

Gewürze und Brühe zugeben, gut umrühren und zum Köcheln bringen. Bei mittlerer Temperatur garen, bis das Kürbisfleisch so weich ist, dass es zerfällt.

Die Suppe in einer Küchenmaschine oder mit dem Stabmixer pürieren. Dann in einen sauberen Topf geben und bei niedriger Temperatur vorsichtig die Sahne unterrühren. Mit Salz und Pfeffer abschmecken.

Die Suppe auf Schälchen verteilen und heiß servieren, mit Croûtons garniert.

Troth Wells

Südamerikanische Kürbissuppe (Sopa de Calabaza)

FÜR 4 PERSONEN

---

1 Esslöffel Margarine
1 Zwiebel, in Ringe geschnitten
450 g Flaschen-, Butternut- oder anderer Kürbis, in 3-cm-Würfel geschnitten
2 Knoblauchzehen, gehackt
1 frische Chilischote, entkernt und fein gehackt
1 Lorbeerblatt
475 ml Tomatensaft
200 ml Gemüsebrühe
ein wenig Milch (optional)
Salz und frisch gemahlener schwarzer Pfeffer
1 Esslöffel gehackte Petersilie zum Garnieren

Die Margarine in einem großen Topf zerlassen und die Zwiebel darin dünsten, bis sie beginnt, weich zu werden. Kürbis, Knoblauch, Chili sowie Lorbeerblatt zugeben und einrühren.

Tomatensaft und Gemüsebrühe angießen und zum Kochen bringen. Etwa 20 Minuten köcheln lassen und dabei von Zeit zu Zeit umrühren, bis die Kürbisstücke weich sind.

Die Suppe in einer Küchenmaschine oder einem Standmixer fein pürieren. Wenn gewünscht, die Konsistenz mit ein wenig Milch verdünnen.

Wieder in den Topf geben, mit Salz und Pfeffer abschmecken und gründlich erhitzen.

Die Suppe auf Schälchen verteilen und mit Petersilie bestreut servieren.

Alexis Couquelet

Lauch-Karotten-Suppe

FÜR 4–6 PERSONEN

---

3 Esslöffel Pflanzenöl
1 große Zwiebel, fein gehackt
1 kg Lauch, geputzt und klein geschnitten
250 g Karotten, geschält und gehackt
450 g Kartoffeln, geschält und in Würfel geschnitten
2 l Hühnerbrühe
250 ml Sahne
Salz und frisch gemahlener schwarzer Pfeffer
feine Lauch- und Karottenstreifen zum Garnieren

Das Pflanzenöl in einem großen Topf bei mittlerer bis hoher Temperatur erhitzen. Die Zwiebel hineingeben und 2–3 Minuten unter gelegentlichem Rühren anbraten. Lauch, Karotten und Kartoffeln einrühren und 5 Minuten andünsten.

Die Hühnerbrühe angießen, gut umrühren und zum Köcheln bringen. Bei mittlerer Temperatur etwa 30 Minuten kochen lassen, bis die Kartoffeln weich sind.

Die Suppe in einer Küchenmaschine oder im Standmixer pürieren. In einen sauberen Topf geben und bei niedriger Temperatur erwärmen. Die Sahne langsam einrühren und mit Salz sowie Pfeffer abschmecken.

Die Suppe auf Schälchen verteilen und heiß servieren, mit Gemüsestreifen garniert.

Sana Wakeem Awad

Lauch-Kartoffel-Suppe

FÜR 4 PERSONEN

---

2 Esslöffel Olivenöl extra vergine

1 mittelgroße Zwiebel, gehackt

4–5 Lauchstangen, geputzt und gehackt

450 g Kartoffeln, geschält und in Würfel geschnitten

2 kleine Knoblauchzehen, fein gehackt

1 Lorbeerblatt

1 l Hühnerbrühe

250 ml Milch

250 ml Sahne

Salz

1 Prise weißer Pfeffer

Das Olivenöl in einem großen Topf bei mittlerer bis hoher Temperatur erhitzen. Die Zwiebel hineingeben und 2–3 Minuten anbraten, dabei gelegentlich umrühren. Lauch und Kartoffeln einrühren und 1–2 Minuten mitgaren, dann Knoblauch und Lorbeerblatt zugeben. Gut umrühren und 2 Minuten dünsten.

Die Hühnerbrühe angießen, gründlich umrühren und zum Köcheln bringen. Die Kartoffeln bei mittlerer Temperatur etwa 25 Minuten garen, bis sie weich sind. Dann die Milch einrühren und etwa 5 Minuten heiß werden lassen.

Zum Pürieren der Suppe einen Mixer oder eine Küchenmaschine höchstens zur Hälfte füllen. Langsam beginnen und die Hand auf dem Deckel lassen, falls er vom aufsteigenden Dampf nach oben gedrückt wird. Auf hohe Stufe schalten und etwa 1 Minute fein pürieren. Möglicherweise müssen Sie das portionsweise machen.

In einen sauberen Topf geben und bei niedriger Temperatur erwärmen. Langsam die Sahne unterrühren und mit Salz sowie Pfeffer abschmecken.

Die Suppe auf Schälchen verteilen und heiß servieren.

Aziz Hallaj

Rote-Linsensuppe aus Aleppo mit Verjus

FÜR 4–6 PERSONEN

---

400 g rote Linsen
2 Teelöffel Baharat-Gewürzmischung oder Garam Masala
2 Teelöffel gemahlener Cumin
Salz
250 ml Verjus (saurer Saft aus unreifen Trauben, ersatzweise Zitronensaft)
250 ml Olivenöl extra vergine
10 kleine Knoblauchzehen, zerdrückt
geröstete Croûtons (optional)
1 Teelöffel Pul Biber oder Paprikapulver

Die Linsen in einem großen Topf mit 1,5 Litern Wasser übergießen und zum Kochen bringen. Etwa 30 Minuten köcheln, bis sie ganz weich sind. Aufsteigenden Schaum von der Oberfläche abschöpfen.

Gewürzmischung, Cumin, etwas Salz und Verjus einrühren und etwa 10 Minuten mitkochen. Danach sollten die Linsen ein wenig zerfallen sein, sodass sie die Suppe andicken.

Das Olivenöl in einer Pfanne erhitzen und die Knoblauchzehen darin goldbraun anbraten (aber nicht schwarz). Sofort zur Suppe geben, gut unterrühren und noch 2 Minuten mitgaren.

Die Suppe auf Schälchen verteilen, nach Belieben mit Croûtons garnieren und mit ein wenig Pul Biber oder Paprikapulver bestreuen. Heiß servieren.

Pascale Hares

Indische Linsensuppe

FÜR 4–6 PERSONEN

---

1 Esslöffel Butter

1 mittelgroße Zwiebel, gehackt

1 Karotte, geschält und gehackt

3 kleine Knoblauchzehen, fein gehackt

2 Esslöffel geriebener Ingwer

2 kleine säuerliche Äpfel, geschält, entkernt und in Würfel geschnitten

1 Dose Tomaten in Stücken à 400 g

1 Esslöffel Currypulver

1 Teelöffel gemahlener Cumin

½ Teelöffel Paprikapulver

½ Teelöffel Zimtpulver

½ Teelöffel gemahlene Kurkuma

1 Prise getrockneter Oregano

1 Prise rote Paprikaflocken

100 g rote Linsen

700 ml Hühner- oder Gemüsebrühe

250 ml ungesüßte Kokosmilch

Salz und frisch gemahlener schwarzer Pfeffer

1 kleines Bund Frühlingszwiebeln, fein gehackt

150 g Cashewkerne, geröstet

Die Butter in einem großen Topf bei mittlerer bis hoher Temperatur erhitzen. Die Zwiebel hineingeben und 2–3 Minuten anbraten, dabei gelegentlich umrühren. Die Karotte untermischen und 5 Minuten mitgaren, dann Knoblauch, Ingwer, Apfel und Tomaten zugeben. Gut umrühren und 5 Minuten dünsten.

Die Gewürze einrühren, Linsen und Brühe zugeben. Gut mischen und zum Köcheln bringen. Bei mittlerer Temperatur 30 Minuten köcheln lassen, bis Gemüse und Linsen weich sind.

Zum Pürieren der Suppe einen Mixer oder eine Küchenmaschine höchstens zur Hälfte füllen. Langsam beginnen und die Hand auf dem Deckel lassen, falls er vom aufsteigenden Dampf nach oben gedrückt wird. Auf hohe Stufe schalten und etwa 1 Minute fein pürieren. Möglicherweise müssen Sie das portionsweise machen.

In einen sauberen Topf geben und bei niedriger Temperatur erwärmen. Die Kokosmilch zugeben, gut umrühren und mit Salz und Pfeffer abschmecken, wenn nötig.

Die Suppe auf Schälchen verteilen. Mit Frühlingszwiebeln und gerösteten Cashewkernen garnieren und heiß servieren.

Paula Wolfert

Linsen-Mangold-Suppe

FÜR 4–5 PERSONEN

---

200 g braune Linsen
1 Zwiebel, gehackt
2 Esslöffel Olivenöl extra vergine
2 kleine Knoblauchzehen, geschält und zerdrückt
1 kg Mangoldblätter, in feine Streifen geschnitten
15 g Koriandersamen, gehackt
Salz und frisch gemahlener schwarzer Pfeffer
1 Prise Cayennepfeffer
Saft von 1–2 Zitronen
dünne Zitronenscheiben und Korianderblätter zum Garnieren

Die Linsen abspülen und verlesen. In einen großen Topf geben und mit 1,5 Litern Wasser übergießen. Zum Kochen bringen, die Temperatur herunterschalten und mit Deckel etwa 40 Minuten köcheln lassen.

Etwa 5 Minuten, bevor die Linsen gar sind, die Zwiebel mit dem Öl in einen mittelheißen großen Topf geben und 5 Minuten andünsten. Knoblauch, Mangold, Koriander und die Linsen mitsamt ihrer Kochflüssigkeit dazugeben. Mit Salz, schwarzem Pfeffer und Cayennepfeffer würzen.

Alles zum Kochen bringen, die Temperatur erneut herunterschalten und mit Deckel 15 Minuten köcheln lassen. Dann den Zitronensaft einrühren.

Die Suppe auf Schälchen verteilen und mit Zitronenscheiben und Korianderblättern garnieren. Heiß, kalt oder auf Zimmertemperatur servieren.

Martyna Monaco

Linsen-Gersten-Kartoffel-Suppe

FÜR 4 PERSONEN

---

2 Esslöffel Olivenöl extra vergine

1 kleine Zwiebel, gehackt

200 g Perlgraupen

450 g Kartoffeln, geschält und in Würfel geschnitten

150 g braune Linsen

10 Basilikumblätter, plus einige zum Garnieren

Salz

1 l Gemüsebrühe

250 g Joghurt

1 Prise Paprikapulver

Das Olivenöl in einem großen Topf bei mittlerer Temperatur erhitzen. Die Zwiebel hineingeben und unter Rühren 2–3 Minuten anbraten.

Die Perlgraupen unter kaltem Wasser abspülen und abtropfen lassen. In den Topf geben und 5 Minuten ebenfalls unter Rühren andünsten.

Kartoffeln, Linsen, Basilikum sowie etwas Salz zugeben und gründlich einrühren, bis alles mit Öl überzogen ist.

Die Gemüsebrühe angießen und zum Kochen bringen. Die Temperatur herunterschalten und mit Deckel 30–40 Minuten köcheln lassen, bis Kartoffeln und Graupen gar sind. Falls die Suppe zu dick wird, mit Wasser verdünnen.

Vom Herd nehmen, den Joghurt einrühren und 10 Minuten bei niedriger Temperatur erwärmen.

Die Suppe auf vorgewärmte Schälchen verteilen. Jede Portion mit ein wenig Paprikapulver und etwas Basilikum garnieren.

Joe Barza

Linsensuppe mit Milch

FÜR 4–6 PERSONEN

---

1 Esslöffel Butter
1 große Zwiebel, gehackt
3–4 mittelgroße Karotten, geschält und gehackt
2 Selleriestangen, gehackt
1 Lauchstange, geputzt und in Ringe geschnitten
3 Kartoffeln, geschält und in Würfel geschnitten
450 g rote Linsen
1,5 l Hühner- oder Gemüsebrühe
475 ml Milch
1 Esslöffel Olivenöl extra vergine
2 Scheiben Bauernbrot, in Würfel geschnitten
Salz und frisch gemahlener schwarzer Pfeffer
1 Prise getrockneter Thymian
1 Prise Zimtpulver
2–3 Zitronen, in Schnitze geschnitten

Die Butter in einem großen Topf bei mittlerer bis hoher Temperatur erhitzen. Die Zwiebel zugeben und 2–3 Minuten unter gelegentlichem Rühren anbraten. Karotten, Sellerie, Lauch und Kartoffeln einrühren und 1–2 Minuten mitdünsten, dann die Linsen zugeben. Gut umrühren.

Brühe und Milch angießen, gründlich unterrühren und zum Köcheln bringen. Mit lose aufgesetztem Deckel bei mittlerer Temperatur kochen, bis Gemüse und Linsen weich sind.

Das Olivenöl in einer Pfanne erhitzen und die Brotwürfel darin leicht anrösten. Beiseitestellen.

Die Suppe in einer Küchenmaschine oder einem Standmixer pürieren, wenn nötig, portionsweise.

In einen sauberen Topf geben und bei niedriger Temperatur erwärmen. Mit Salz und Pfeffer abschmecken und zum Durchwärmen sanft köcheln lassen.

Die Suppe auf Schälchen verteilen. Mit den Croûtons garnieren und mit Thymian und Zimt bestreuen. Heiß servieren und Zitronenschnitze dazu reichen.

Jill Boutros

Rote-Linsensuppe mit Minze und Zitrone

FÜR 4 PERSONEN

---

2 Esslöffel Olivenöl extra vergine oder Butter
1 mittelgroße Zwiebel, gehackt
2 kleine Knoblauchzehen, gehackt
Salz
½ Teelöffel Pul Biber oder Paprikapulver, plus ein wenig zum Garnieren
1 mittelgroße Tomate, in Würfel geschnitten
1 Esslöffel Tomatenmark
1 Teelöffel getrocknete Minze, plus ein wenig zum Garnieren
200 g rote Linsen
40 g grober Bulgur
1 l Hühner- oder Gemüsebrühe
Wasser
Saft von 1 Zitrone

Das Olivenöl in einem großen Topf bei mittlerer Temperatur erhitzen und die Zwiebel darin weich dünsten.

Den Knoblauch zugeben und 1 Minute mitgaren. Mit Salz und Pul Biber oder Paprikapulver würzen. Dann Tomatenwürfel, Tomatenmark und Minze einrühren und 2 Minuten weiterdünsten.

Linsen und Bulgur unterziehen und mit Brühe sowie 475 Millilitern Wasser übergießen. Zum Kochen bringen, die Temperatur herunterschalten und mit lose aufgesetztem Deckel 1 Stunde köcheln lassen. Gelegentlich umrühren.

Die Suppe auf Schälchen verteilen, mit etwas getrockneter Minze und Pul Biber bestreuen und etwas Zitronensaft darüber auspressen.

Claude Shehadi

Linsensuppe mit Meeresfrüchten

FÜR 6–8 PERSONEN

---

450 g Miesmuscheln
60 ml Olivenöl extra vergine, oder nach Bedarf mehr
3 Schalotten, fein gehackt
100 ml trockener Weißwein
2 kleine Knoblauchzehen, gehackt
2 Selleriestangen, fein gehackt
1 große Karotte, fein gehackt
250 g rote (oder braune) Linsen
1 Esslöffel Tomatenmark
1 Prise Safran, in 1 Esslöffel Wasser eingeweicht
1 Teelöffel scharfes Paprikapulver
½ Teelöffel schwarzer Pfeffer
2–3 Lorbeerblätter
3 Zweige Zitronenthymian
ein ganzer Wolfsbarsch à 450 g, entgrätet
½ Fenchelknolle, fein gehackt
grobes Meersalz
250 g rohe Garnelen mit Schale
gehackte Petersilie zum Garnieren (optional)

Die Miesmuscheln waschen, alle geöffneten wegwerfen und die Bärte abschneiden. In kaltes Wasser legen und beiseitestellen.

1–2 Esslöffel Olivenöl in einem großen, tiefen Topf bei mittlerer Temperatur erhitzen. Die Hälfte der Schalotten darin weich dünsten.

Die Muscheln zugeben und ein paar Minuten im Öl wenden, dann den Wein angießen. Zum Kochen bringen und 2 Minuten sprudeln lassen. Die Temperatur herunterschalten und 15 Minuten köcheln. Danach sollten sich alle Muscheln geöffnet haben. Die ungeöffneten wegwerfen. Das Fleisch aus den offenen Muscheln schaben; ein paar mit der Schale zum Garnieren beiseitelegen. Die Kochflüssigkeit aufbewahren.

Den Backofen auf 180 °C vorheizen.

In einem großen Topf die restlichen Schalotten in 1–2 Esslöffel Olivenöl weich dünsten. Den Knoblauch einrühren und 2 Minuten mitgaren, dann Sellerie und Karotte unterrühren. Das Gemüse ein paar Minuten mit Deckel weich dünsten.

Linsen, Tomatenmark, Gewürze und 1,5 Liter Wasser zum Gemüse geben und vorsichtig zum Kochen bringen. Die Thymianzweige mit einer Schnur zusammenbinden und in den Topf geben. Bei niedriger bis mittlerer Temperatur 20 Minuten köcheln lassen, dabei von Zeit zu Zeit umrühren.

Während die Linsen kochen, den Wolfsbarsch in eine Backform legen. Die Bauchhöhle mit dem Fenchel füllen. Mit grobem Salz bestreuen und mit Olivenöl bestreichen. Etwa 20 Minuten

backen, bis der Fisch gar ist. Anschließend die Haut abziehen und beiseitestellen.

Kurz vor dem Servieren das Muschelfleisch mit der Kochflüssigkeit in die Suppe geben und zum Köcheln bringen. Die rohen Garnelen dazugeben und 2–3 Minuten garen, bis sie rosa anlaufen. Zuletzt den Fisch zerzupfen und vorsichtig unter die Suppe ziehen. Lorbeerblätter und Thymianzweige herausfischen.

Die Suppe auf Schälchen verteilen und heiß servieren, wenn gewünscht, mit ein wenig Petersilie und den ganzen Muscheln garniert.

Greg Malouf

Marokkanische Linsen-Kichererbsen-Suppe mit Cumin-Backfisch

FÜR 6 PERSONEN

---

60 ml Olivenöl extra vergine

1 mittelgroße Zwiebel, in Würfel geschnitten

2 kleine Knoblauchzehen, flach gedrückt

100 g braune Linsen

75 g getrocknete Kichererbsen, über Nacht eingeweicht und abgegossen

2,5 l Gemüsebrühe

1 Dose Tomaten in Stücken à 400 g

¼ Teelöffel Zimtpulver

¼ Teelöffel gemahlener Ingwer

10 Safranfäden, leicht angeröstet und zerstoßen

Saft und Abrieb von 1 unbehandelten Zitrone

60 ml trockener Sherry

je 1 Esslöffel Petersilie, Koriandergrün und Koriandergrün, gehackt

BACKFISCH MIT CUMIN

200 g kleine Fischchen (junge Heringe o.Ä.)

1½ Esslöffel Cuminsamen, geröstet und zerstoßen

1 Teelöffel gemahlener Ingwer

½ Teelöffel weißer Pfeffer

200 g Mehl

700 ml Rapsöl zum Frittieren

Das Olivenöl in einem großen Topf erhitzen und Zwiebel und Knoblauch sanft darin andünsten, bis sie weich sind.

Linsen, Kichererbsen und 2 Liter Gemüsebrühe dazugeben. Etwa 1 Stunde köcheln lassen, bis die Linsen und Kichererbsen weich sind und anfangen, zu zerfallen. Mit einem Stabmixer auf niedriger Stufe ein wenig zerkleinern, aber kein glattes Püree produzieren. Tomaten und Gewürze unterziehen.

Zum Kochen bringen und mit Zitronensaft und -abrieb, Sherry sowie den frischen Kräutern abrunden. Wenn nötig, die Konsistenz mit noch ein wenig Brühe verdünnen. Vom Herd nehmen.

Die Fischchen gründlich waschen und auf Küchenkrepp abtropfen lassen. Cumin, Ingwer und weißen Pfeffer mit dem Mehl durchsieben. Das Öl in einer tiefen Pfanne oder einer Fritteuse auf 200 °C erhitzen. Die Fische im gewürzten Mehl wenden.

In 2–3 Portionen frittieren: Dazu die Fische sanft ins Öl gleiten lassen und 2–3 Minuten garen, bis sie goldbraun sind (sie sollten im heißen Öl fest werden). Mit einem Schaumlöffel herausheben oder das Sieb der Fritteuse herausnehmen und die Fische auf Küchenkrepp abtropfen lassen.

Die Suppe auf Schälchen verteilen und die frittierten Fischchen zum Servieren auf die Suppe türmen.

Chris Borunda

Maisbrühe

ERGIBT ETWA 2 L

---

8 frische Maiskolben, halbiert (Sie können auch übrig gebliebene Maiskolben nehmen, von denen die Körner schon abgeschnitten sind)
4 Esslöffel Pflanzenöl
1 große Zwiebel, gehackt
2 große Karotten, geschält und gehackt
1 Selleriestange, gehackt
2 Kartoffeln, geschält und in Würfel geschnitten
2 frische Lorbeerblätter
1 Zimtstange
1 Teelöffel schwarzer Pfeffer
1 Esslöffel gemahlener Koriander
1 Teelöffel gemahlener Piment
1 kleines Bund Petersilie, grob gehackt
1 kleines Bund Koriander, grob gehackt
3 Esslöffel Salz

Jeweils einen Maiskolben senkrecht auf ein Backblech stellen. Mit einem scharfen Messer die Körner abschneiden (Sie können sie für Maissuppe verwenden, siehe Seite 141).

Das Öl in einem großen Topf bei mittlerer Temperatur erhitzen und die Maiskörner und das Gemüse hineingeben. Einen Deckel aufsetzen und 15 Minuten dünsten, dabei gelegentlich umrühren. Gewürze und Kräuter zugeben und 2 Minuten mitgaren.

4 Liter kaltes Wasser aufgießen und zum Kochen bringen. Die Temperatur herunterschalten, das Salz einrühren und 30 Minuten köcheln lassen.

Die Brühe durch ein mit einem Mulltuch ausgelegtes Sieb abgießen und alle festen Bestandteile wegwerfen. Abschmecken.

Wenn die Brühe zu wenig Geschmack hat, weiterköcheln lassen, bis die Flüssigkeit um ein Drittel reduziert ist. Abkühlen lassen, einen Deckel aufsetzen und bis zur Verwendung im Kühlschrank lagern.

Chris Borunda

Maissuppe

FÜR 4–6 PERSONEN

---

3 Esslöffel Olivenöl extra vergine
2 große Zwiebeln, in Würfel geschnitten
1 Bund Frühlingszwiebeln, in dünne Ringe geschnitten
2 kleine Knoblauchzehen, fein gehackt
2 Esslöffel Baharat-Gewürzmischung (Sie können auch Piment nehmen)
1 Esslöffel Salz oder nach Geschmack
2 l Maisbrühe (siehe Seite 138)
die Maiskörner aus der Maisbrühe (etwa 1 kg)
1 kleines Bund Petersilie, fein gehackt (optional)
1 kleines Bund Koriander, fein gehackt (optional)
Zitronenschnitze (optional)

Das Olivenöl in einem großen Topf bei mittlerer Temperatur erhitzen. Zwiebeln, Frühlingszwiebeln und Knoblauch hineingeben. Mit Deckel 5 Minuten anschwitzen.

Gewürze, Salz und Maiskörner unterrühren. Weitere 5 Minuten mit Deckel dünsten, dabei auf die Temperatur achten, damit nichts anbräunt.

Die Brühe angießen und zum Köcheln bringen; 10 Minuten garen. Bei Bedarf nachwürzen.

Die Suppe auf Schälchen verteilen und mit Petersilie sowie Koriander garnieren. Die Zitronenschnitze dazu reichen. Heiß oder auf Zimmertemperatur servieren.

Meta Hiltebrand

Karamellisierte Maronensuppe mit Kürbis-Rohschinken-Spieß

FÜR 4 PERSONEN

---

150 g Zucker

1 Karotte, in Würfel geschnitten

1 Zwiebel, in Würfel geschnitten

500 g geschälte Maronen (TK oder geröstet)

800 ml Gemüsebrühe

200 ml Sahne

1 Esslöffel Butter

Honig

Salz und frisch gemahlener schwarzer Pfeffer

SPIESSE

½ Hokkaidokürbis

1 Esslöffel Butter

1 Prise Feurige Süße (alternativ eine Mischung aus z. B. Rohzucker, Kardamom, Pfeffer, Orangenabrieb und Zimt)

3 Esslöffel Weißwein

4–8 Scheiben Rohschinken

frischer Kerbel zum Garnieren

Außerdem: 4 Holzspieße

Den Zucker in eine Pfanne geben und bei geringer Hitze langsam karamellisieren lassen. Karotte und Zwiebel zusammen mit den Maronen in die Pfanne geben.

Die Gemüsebrühe angießen und etwa 20 Minuten köcheln lassen, dann in der Küchenmaschine oder im Mixer fein pürieren. Sahne und Butter dazugeben und mit Honig, Salz und Pfeffer abschmecken.

Für die Spieße den Kürbis in kleine Würfel schneiden.

Die Butter in einer Pfanne erhitzen und den Kürbis darin anbraten. 1 Prise Feurige Süße oder Gewürze dazugeben und mit dem Weißwein ablöschen.

Die Schinkenscheiben zur Rose formen und mit den Kürbiswürfeln auf die Spieße stecken.

Die Suppe in Gläsern verteilen und je einen Spieß auf das Glas legen, mit etwas Kerbel garnieren und servieren.

Patrick Herbeaux

Gekühlte Melonen-Gazpacho

FÜR 4 PERSONEN

---

450 g Cantaloupe-Melone, geschält, entkernt und in Würfel geschnitten
Saft von 2 Zitronen
2 Esslöffel Olivenöl extra vergine
Salz und frisch gemahlener schwarzer Pfeffer
½ rote Paprikaschote, in feine Würfel geschnitten
1 Zucchini, in feine Würfel geschnitten
1 Prise Cayennepfeffer oder Paprikapulver

Melone, Zitronensaft und Olivenöl in einen Mixer oder eine Küchenmaschine geben und fein pürieren.

Mit Salz und Pfeffer abschmecken und vor dem Servieren mindestens 30 Minuten in den Kühlschrank stellen.

Die Suppe auf Schälchen verteilen und mit Paprika- und Zucchiniwürfeln garnieren. Mit ein wenig Cayennepfeffer oder Paprikapulver bestreuen. Kalt servieren.

Rosina Jerkezian

Okrasuppe

FÜR 4 PERSONEN

---

2 Esslöffel Olivenöl extra vergine

1 mittelgroße Zwiebel, gehackt

4 kleine Knoblauchzehen, gehackt

450 g Okraschoten

2 mittelgroße Tomaten, geschält und in Würfel geschnitten

Saft von 1 Zitrone

1 Esslöffel Tomatenmark

Salz

1 kleines Bund Koriander, fein gehackt

Das Olivenöl in einem schweren Topf bei mittlerer bis hoher Temperatur erhitzen und die Zwiebel 1 Minute darin anbraten. Den Knoblauch einrühren, dann Okraschoten, Tomaten und Zitronensaft zugeben.

Das Tomatenmark in 750 Millilitern Wasser auflösen und in den Topf gießen. Nach Geschmack salzen.

Langsam zum Kochen bringen. Die Temperatur herunterschalten und mit Deckel 20 Minuten köcheln lassen.

Die Suppe auf vorgewärmte Schälchen verteilen und kurz vor dem Servieren mit Koriander bestreuen.

Fernando Gomez

Rote-Paprika-Suppe

FÜR 4 PERSONEN

---

4 große rote Paprikaschoten

3 Esslöffel Butter

1 mittelgroße Zwiebel, gehackt

1 große Kartoffel, geschält und in Würfel geschnitten

3 kleine Knoblauchzehen, gehackt

1 l Hühner- oder Gemüsebrühe

60 ml Sahne oder Milch

Cayennepfeffer

Salz und frisch gemahlener schwarzer Pfeffer

Die Paprika unter dem Backofengrill oder über einer offenen Flamme rösten, bis sie ringsum schwarz geworden sind (Sie können das auch auf dem Grill machen). Die verkohlten Paprika in einen Plastikbeutel geben, gut verschließen und etwa 10 Minuten ausdampfen lassen, bis die Häute aussehen, als ließen sie sich leicht abziehen. Die Schoten aus dem Beutel nehmen, die schwarze Haut abziehen und die Kerne entfernen. Die gehäuteten Paprika grob hacken. Einen Teil für die Dekoration zur Seite stellen.

Die Butter in einem großen Topf bei mittlerer bis hoher Temperatur zerlassen. Die Zwiebel hineingeben und 2–3 Minuten unter gelegentlichem Rühren anbraten. Die Kartoffel zugeben und 1–2 Minuten mitgaren, dann den Knoblauch und die gerösteten Paprika unterziehen und 2 Minuten andünsten.

Die Brühe angießen, gut umrühren und zum Köcheln bringen. Bei mittlerer Temperatur garen, bis die Kartoffeln weich sind.

Die Suppe in einer Küchenmaschine oder im Standmixer fein pürieren.

In einen sauberen Topf geben und bei niedriger Temperatur erwärmen. Die Sahne oder Milch gründlich unterziehen und probieren. Nach Geschmack mit Cayennepfeffer, Salz und schwarzem Pfeffer würzen.

Die Suppe auf Schälchen verteilen, mit Paprika garnieren und heiß servieren.

Ralf Zacherl

Kalte Paprika-Papaya-Suppe mit Schafskäse und Honig

FÜR 4 PERSONEN

---

1 rote Paprikaschote
1 gelbe Paprikaschote
2 Papayas
500 ml Orangensaft
250 ml Buttermilch
Salz
Currypulver
1–2 Esslöffel grüner Tabasco
4 Scheiben junger Schafskäse von der Rolle, fingerdick geschnitten
Mehl
2 Esslöffel Honig
1 Esslöffel gehackter Rosmarin

Den Backofen auf 180 °C vorheizen.

Die Paprikas halbieren, weiße Trennwände und Kerne entfernen, auf ein Backblech legen und so lange in den Ofen geben, bis sich die Haut ohne Probleme lösen lässt.

In der Zwischenzeit die Papayas schälen und entkernen. Die gehäuteten Paprikas mit dem Papayafleisch in einen Mixer geben, Orangensaft und die Buttermilch hinzugießen, mit je 1 Prise Salz, Curry und Tabasco würzen und kräftig mixen. Die Suppe anschließend durch ein Sieb passieren.

Den Käse leicht in Mehl wälzen und durch den Honig ziehen, danach unter dem Backofengrill etwas erwärmen. Dabei, wenn nötig, den Honig immer wieder drauflöffeln, zum Schluss etwas fein gehackten Rosmarin aufstreuen.

Die Suppe auf Schälchen verteilen und mit den Käsescheiben belegen. Herrlich erfrischend für heiße Tage.

Carolyn Kumpe

Pastinaken-Apfel-Creme-suppe

FÜR 6 PERSONEN

---

2 Esslöffel Pflanzenöl
2 Esslöffel Butter
3 mittelgroße Lauchstangen, geputzt und gehackt
Salz
1 Esslöffel Honig
1 Lorbeerblatt
1 Rosmarinzweig (alternativ: Thymian)
1,5 l Hühnerbrühe
450 g Pastinaken, geschält und in Scheiben geschnitten
2 große Kartoffeln, geschält und in Würfel geschnitten
2 süßsaure Äpfel (z. B. Granny Smith oder Fuji), geschält, entkernt und in Würfel geschnitten
1 Esslöffel Apfelessig
¼ Teelöffel Zimtpulver
¼ Teelöffel frisch geriebene Muskatnuss
60 ml Cider oder Apfelsaft
150 ml Crème double
frisch gemahlener schwarzer Pfeffer
zum Garnieren (optional): geriebene Muskatnuss, fein geschnittener Schnittlauch, Kerbel oder Frühlingszwiebeln, Speckwürfel, Sauerrahm oder Crème fraiche, gehackte Petersilie

Öl und Butter in einem großen Topf bei niedriger bis mittlerer Temperatur erhitzen, bis die Butter geschmolzen ist. Dann Lauch sowie 1 Prise Salz zugeben.

Etwa 8 Minuten bei niedriger Temperatur dünsten, bis der Lauch weich ist. Honig, Lorbeerblatt und Rosmarin zugeben; etwa 1 Minute dünsten, bis Duft aufsteigt.

Die Hühnerbrühe angießen. Pastinaken, Kartoffeln und Äpfel zugeben. Einen Deckel aufsetzen und etwa 30 Minuten köcheln, bis Äpfel und Gemüse gar sind. Dann Lorbeerblatt und Rosmarin herausfischen und wegwerfen. Die Suppe abkühlen lassen.

Die lauwarme Suppe in einer Küchenmaschine oder mit dem Stabmixer pürieren. Wieder in den Topf geben. Essig, Zimt, Muskat und Apfelwein oder -saft einrühren und bei niedriger Temperatur 15 Minuten köcheln lassen.

Vom Herd nehmen. Die Crème double unterziehen und mit Salz und Pfeffer abschmecken. Den Topf auf den Herd setzen und vorsichtig erwärmen, die Suppe aber nicht mehr kochen lassen.

Auf Schälchen verteilen, mit geriebenem Muskat bestreuen und nach Wunsch garnieren.

Sarah Wiener

Pastinaken-Brennnessel-Suppe mit Blätterteigstangerl

FÜR 4 PERSONEN

---

1 Handvoll junge Brennnesselspitzen
1 Handvoll Feldsalat
2 Petersilienstängel
1 Esslöffel Bio-Sauerrahmbutter
1 Schalotte, in Würfel geschnitten
250 g Pastinaken, geschält und in Würfel geschnitten
750 ml Bio-Vollmilch
unbehandeltes Salz und frisch gemahlener schwarzer Pfeffer
frisch geriebene Muskatnuss

BLÄTTERTEIGSTANGERL

1 Blätterteigplatte (ca. 30 x 30 cm; Kühlregal oder von einem guten Bäcker)
Mehl
90 g romanische Paste (ersatzweise getrocknete Tomaten mit Oliven und Knoblauch, fein püriert)

Die Brennnesseln mit Handschuhen und Schere ernten. Brennnesseln, Feldsalat und Petersilie mit kochendem Wasser übergießen, sofort kalt abschrecken und abtropfen lassen. Das Blanchieren zerstört die stechenden Nesselzellen und erhält die grüne Farbe der Blätter.

Die Butter in einer Pfanne erhitzen, dann Schalotte und Pastinaken darin andünsten. Etwas Wasser dazugeben und die Pastinaken 10 Minuten weich garen. Die Milch angießen und kurz aufkochen.

Dann Brennnesseln, Feldsalat und Petersilie in den Küchenmixer geben, Pastinaken samt Milch zufügen und alles sehr fein pürieren. Mit etwas Salz, Pfeffer und Muskat abschmecken.

Für die Stangerl den Backofen auf 200 °C vorheizen. Ein Backblech mit Backpapier auslegen.

Die Blätterteigplatte halbieren, eine Hälfte auf der bemehlten Arbeitsfläche ausrollen und dünn mit der Paste bestreichen. Die zweite Teigplatte ebenso groß ausrollen, auf die bestrichene Platte legen und leicht andrücken.

Mit einem scharfen Messer in 2 cm dicke Streifen schneiden, die Streifen längs verdrehen und auf das Backblech legen. Im Ofen 8–12 Minuten knusprig braun backen. Herausnehmen und abkühlen lassen.

Die Suppe in vorgewärmte Tassen oder Suppenteller verteilen und die Blätterteigstangerl dazu reichen. Nach Belieben mit Feldsalat garnieren.

Candice Lorfing

Pilzcremesuppe

FÜR 4 PERSONEN

---

3 Esslöffel Butter
700 g Pilze, abgewischt und in Scheiben geschnitten
1 Zwiebel, fein gehackt
1 Schalotte, fein gehackt
1 Esslöffel Mehl
1,5 l Hühner- oder Gemüsebrühe
120 ml Sahne, plus 60 ml zum Garnieren
2 Esslöffel gehackte Petersilie
Saft von 1 Zitrone (optional)
Salz und frisch gemahlener schwarzer Pfeffer

Die Hälfte der Butter in einer Pfanne bei mittlerer Temperatur erhitzen. Die Pilze darin 5–7 Minuten unter gelegentlichem Rühren anbraten. Beiseitestellen.

Die andere Hälfte der Butter in einem großen Topf zerlassen. Zwiebel und Schalotte hineingeben und 2–3 Minuten glasig dünsten. Dann das Mehl zugeben und 2 Minuten einrühren.

Die Brühe angießen und gründlich einrühren, damit sich keine Mehlklümpchen bilden. Zum Kochen bringen.

Ein Viertel der Pilze abnehmen, den Rest in die Suppe rühren. Die Temperatur herunterschalten und 20 Minuten köcheln lassen, dabei hin und wieder umrühren.

Die Suppe in einer Küchenmaschine oder im Standmixer glatt und cremig pürieren.

In einen sauberen Topf geben und bei niedriger Temperatur erwärmen. Die restlichen Pilze, Sahne sowie die Petersilie gründlich unterziehen. Nach Belieben den Zitronensaft einrühren und mit Salz und Pfeffer abschmecken.

Die Suppe auf Schälchen verteilen und mit je 1 Esslöffel Sahne garnieren.

Troth Wells

Thai-Kokossuppe mit Pilzen

FÜR 4 PERSONEN

Pflanzenöl

2 Frühlingszwiebeln oder kleine Schalotten, in sehr dünne Ringe geschnitten

125 g Pilze, in feine Scheiben geschnitten (Champignons sind in Ordnung, aber Shiitake oder andere ostasiatische Pilze wären vielleicht vorzuziehen)

1 Stängel Zitronengras

Saft und Abrieb von 1 unbehandelten Limette

3–4 Kaffirlimettenblätter

ein 2-cm-Stück Thai-Ingwer oder Ingwer, in dünne Scheiben geschnitten

1 Vogelaugenchilischote oder 1 andere rote Chilischote, entkernt und gehackt (ganz lassen, wenn es nicht so scharf werden soll)

400 ml Kokosmilch

Salz

1 Esslöffel Koriandergrün, gehackt

In einer großen Pfanne ein wenig Pflanzenöl erhitzen und die Frühlingszwiebeln oder Schalotten darin anbraten. Die Pilze zugeben und weich dünsten.

Zitronengras, Limettenabrieb, Kaffirlimettenblätter, Thai-Ingwer oder Ingwer sowie Chili zugeben und unter Rühren andünsten, damit sich die Aromen verbinden.

Kokosmilch und 250 Milliliter Wasser angießen und alles gründlich verrühren. Die Suppe erhitzen und 10 Minuten köcheln lassen.

Limettensaft und Salz zugeben, abschmecken und weitere 10 Minuten garen.

Vom Herd nehmen, die Suppe auf Schälchen verteilen und sofort servieren, mit Koriandergrün garniert.

Patrick Herbeaux

Gekühlte Rote-Bete-Gazpacho

FÜR 6 PERSONEN

---

450 g Rote Bete, gekocht und geschält
250 g Tomaten, grob geschnitten
50 g rote oder orangefarbene Paprikaschote, grob gehackt
100 g getoastetes Brot, in Würfel geschnitten
50 g geröstete Pistazien
3 Esslöffel Apfelessig
120 ml Olivenöl extra vergine
Salz
Croûtons zum Garnieren (optional)

Rote Bete, Tomaten, Paprika, Brot, Pistazien, Essig und Olivenöl in einer Küchenmaschine oder einem Standmixer pürieren, bis eine glatte Creme entstanden ist.

Nach Geschmack salzen. Vor dem Servieren mindestens 30 Minuten kalt stellen.

Die Suppe auf Schälchen verteilen und mit Croûtons servieren, wenn Sie mögen.

Barbara Abdeni Massaad

Suppe aus gebackener Rote Bete

FÜR 4–6 PERSONEN

---

450 g Rote Bete
1 Esslöffel Butter
1 Esslöffel Olivenöl extra vergine
2 Lauchstangen, geputzt und klein geschnitten
1 mittelgroße Zwiebel, in Ringe geschnitten
2 Selleriestangen, gehackt
¼ Teelöffel gemahlener Ingwer
¼ Teelöffel gemahlener Piment
¼ Teelöffel gemahlener weißer Pfeffer
1 Lorbeerblatt
1 Thymianzweig
2 Petersilienstängel
120 ml Sahne, plus 60 ml zum Garnieren (optional)
Salz und frisch gemahlener schwarzer Pfeffer

Den Backofen auf 200 °C vorheizen. Die Roten Beten in Alufolie wickeln und auf einem Backblech etwa 1 Stunde backen, bis sie sich leicht mit einer Gabel einstechen lassen.

Die Beten abkühlen lassen und schälen. Die Hälfte einer Knolle fein würfeln und zum Garnieren beiseitestellen, den Rest in 1-cm-Würfel schneiden.

Butter und Olivenöl bei mittlerer Temperatur in einem schweren Topf zerlassen. Lauch, Zwiebel und Sellerie unter Rühren darin anbraten, bis sie anfangen, braun zu werden. Das sollte etwa 15 Minuten dauern. Ingwer, Piment, Pfeffer und die größeren Betewürfel unterziehen. Unter Rühren etwa 5 Minuten garen, bis das Gemüse am Topfboden anhängt.

1 Liter Wasser, Lorbeer, Thymian und Petersilie einrühren. Zum Kochen bringen. Dann die Temperatur herunterschalten und etwa 25 Minuten köcheln lassen, bis das Gemüse ganz zart ist. Anschließend Lorbeer, Thymian und Petersilie herausfischen.

Die Suppe in einer Küchenmaschine oder mit dem Pürierstab zu einer feinen Creme verarbeiten.

Die Creme in einen sauberen Topf füllen und bei niedriger Temperatur erwärmen. Die Sahne zugeben und mit Salz und Pfeffer abschmecken. Gründlich umrühren.

Auf Schälchen verteilen und jede Portion mit den vorbereiteten Rote-Bete-Würfeln und nach Geschmack mit 1 Esslöffel Sahne garnieren.

Ana Sortun

Speiserüben-Haselnuss-Suppe

FÜR 4 PERSONEN

500 g milde weiße Speiserüben (Hakurei oder Macomber), geschält und in Würfel geschnitten
1 kleine Fenchelknolle, Außenblätter und Strunk entfernt, grob gehackt
1 kleine Lauchstange (nur die weißen Teile), geputzt und grob gehackt
2 Knoblauchzehen, in dünne Scheiben geschnitten
2 Esslöffel Olivenöl
1–2 Teelöffel Salz
1 Teelöffel frisch gemahlener schwarzer Pfeffer
60 g Haselnüsse, leicht angeröstet und die Haut abgerieben, etwa 12 zum Garnieren beiseitegelegt
1,25 l kräftige Hühnerbrühe
2 Teelöffel Honig
120 ml Mandelmilch oder Milch
2 Esslöffel Schnittlauch oder Frühlingszwiebeln, fein gehackt
2 Esslöffel braune Butter zum Beträufeln (optional)
Sumach zum Bestreuen (optional)

Achten Sie darauf, für diese Suppe weiße, cremige, süßlich-milde Speiserüben zu verwenden. Ich nehme am liebsten Hakurei-Rübchen oder Macomber-Speiserüben dafür, aber Blumenkohl ist auch ein großartiger Ersatz.

Das Gemüse in einen großen Topf geben, zusammen mit Knoblauch, Olivenöl, Salz und Pfeffer. Wenden, bis alles ringsum glasiert ist. Bei mittlerer Temperatur sanft dünsten, bis es anfängt, weich zu werden. Nicht anbräunen lassen.

60 g Haselnüsse unterrühren und die Hühnerbrühe angießen. Die Suppe etwa 20 Minuten köcheln lassen, bis das Gemüse komplett gar ist. Abkühlen lassen.

Die Suppe in eine Küchenmaschine oder einen Standmixer geben und mit Honig und Milch pürieren. Abschmecken.

Vorsichtig aufwärmen und auf Schälchen verteilen. Jede Schale mit ein wenig gehacktem Schnittlauch oder Frühlingszwiebeln, 1 Teelöffel brauner Butter, 1 Prise Sumach und ein paar leicht zerstoßenen Haselnüssen garnieren.

Marie Carmen Fallaha

Spinatsuppe

FÜR 4 PERSONEN

2 Esslöffel Pflanzenöl
1 große Zwiebel, gehackt
1 kleine Kartoffel, gehackt
1 kg Spinatblätter, gehackt
1 l Hühner- oder Gemüsebrühe
250 ml Sahne, plus 60 ml zum Garnieren
Salz und frisch gemahlener schwarzer Pfeffer
Granatapfelkerne zum Garnieren

Das Pflanzenöl in einem großen Topf bei mittlerer bis hoher Temperatur erhitzen. Die Zwiebel hineingeben und 2–3 Minuten anbraten, dabei hin und wieder umrühren. Die Kartoffeln unterrühren und 1–2 Minuten mitgaren, dann den Spinat zugeben. Gut umrühren und 2 Minuten dünsten.

Die Brühe angießen, gründlich verrühren und erhitzen. Bei mittlerer Temperatur köcheln lassen, bis die Kartoffeln weich sind.

Die Suppe in einer Küchenmaschine oder einem Standmixer pürieren. Dann in einen sauberen Topf füllen und auf dem Herd erwärmen. Die Sahne unterziehen, mit Salz und Pfeffer abschmecken. Noch 10 Minuten gründlich erhitzen, aber nicht kochen lassen.

Die Suppe auf Schälchen verteilen und warm servieren, jeweils mit 1 Esslöffel Sahne und ein paar Granatapfelkernen garniert.

Johannes King

Steckrüben-eintopf

FÜR 6–8 PERSONEN

---

800 g Steckrüben
100 g Selleriestangen
100 g Fenchel
100 g Teltower Rübchen
100 g Karotten
100 g kleine Kartoffeln
9 kleine runde Zwiebeln
30 g Rapskernöl
30 g Traubenkernöl
Zucker
Salz und frisch gemahlener schwarzer Pfeffer
1 l Gemüsebrühe
3 frische Lorbeerblätter
je 1 Thymian- und Rosmarinzweig
1 Teelöffel weiße Pfefferkörner
1 Teelöffel Senfsaatkörner
1 Teelöffel Korianderkörner
1 Teelöffel Fenchelsaat
2 Sternanis

Gemüse, Kartoffeln und 6 Zwiebeln waschen, schälen und in 2-cm-Würfel schneiden. Die Steckrüben in einem Topf mit den beiden Ölen und einer großen Prise Zucker anschwitzen, bis sie leicht Farbe nehmen.

Dann das restliche Gemüse, Kartoffeln und Zwiebeln zugeben und weiter anschwitzen. Mit Salz und Pfeffer würzen und die Hitze etwas reduzieren. Mit Gemüsebrühe ablöschen. Die Kräuter und Gewürze in einen Teebeutel füllen, diesen verschließen und zum Gemüse geben. Solange ziehen lassen, bis das Gemüse gar ist.

In der Zwischenzeit die restlichen 3 Zwiebeln schälen, halbieren und mit der Schnittfläche nach unten in eine leicht geölte Pfanne legen. Bei geringer Hitze und geschlossenem Deckel langsam braten, zwischendurch wenden, sodass sich reichlich Röststoffe bilden. Die gebratenen Zwiebelhälften in den Eintopf geben und nochmals mit Salz und Pfeffer abschmecken.

Den Eintopf auf Schälchen verteilen und servieren.

Oumayma Nadar

Scharfe Süßkartoffelsuppe

FÜR 4–6 PERSONEN

---

125 g Joghurt
1 Teelöffel unbehandelter Limettenabrieb
1 Esslöffel Olivenöl extra vergine
1 Zwiebel, gehackt
2 kleine Knoblauchzehen, gehackt
2 große Süßkartoffeln, geschält und in Würfel geschnitten
1 l Gemüsebrühe
½ Teelöffel gemahlener Cumin
¼ Teelöffel rote Paprikaflocken, zerstoßen
2 Esslöffel frischer Ingwer, gerieben
50 g glatte Erdnussbutter (am besten hausgemacht)
Saft von 1 Limette
Salz
1 große Tomate, entkernt und in Würfel geschnitten
2 Esslöffel Koriandergrün, gehackt

Joghurt und Limettenabrieb in einer kleinen Schüssel verrühren. In den Kühlschrank stellen, damit sich die Aromen verbinden können.

Das Olivenöl in einem großen Topf bei mittlerer Temperatur erhitzen. Zwiebel und Knoblauch hineingeben und etwa 5 Minuten anbraten, bis sie weich sind. Süßkartoffeln und Gemüsebrühe zugeben. Mit Cumin, Paprikaflocken und Ingwer würzen. Zum Kochen bringen, auf niedrige Temperatur herunterschalten und mit Deckel 15 Minuten köcheln lassen, bis die Süßkartoffeln gar sind.

Zum Pürieren der Suppe einen Mixer oder eine Küchenmaschine höchstens zur Hälfte füllen. Langsam beginnen und die Hand auf dem Deckel lassen, falls er vom aufsteigenden Dampf nach oben gedrückt wird. Auf hohe Stufe schalten und etwa 1 Minute fein pürieren. Möglicherweise müssen Sie das portionsweise machen.

Die Suppe wieder in den Topf geben, auf niedriger Temperatur erwärmen und die Erdnussbutter mit einem Schneebesen unterschlagen. Limettensaft und Salz einrühren.

Auf vorgewärmte Schälchen verteilen und jeweils einen Löffel des vorbereiteten Joghurts, ein paar Tomatenwürfel und ein wenig Koriander darübergeben.

Tammy Mattar

Süßkartoffel-Feta-Suppe

FÜR 4–6 PERSONEN

---

60 ml und 2 Esslöffel Olivenöl extra vergine
2 Esslöffel getrockneter wilder Thymian (oder Zatar-Gewürzmischung)
1 Esslöffel Butter
1 mittelgroße Zwiebel, gehackt
1 große Karotte, geschält und gehackt
1 Lauch, geputzt und gehackt
5 mittelgroße Süßkartoffeln, geschält und in Würfel geschnitten
475 ml Hühner- oder Gemüsebrühe
1 Lorbeerblatt
Salz
35 g Fetakäse, zerkrümelt

In einem kleinen Topf 60 Milliliter Olivenöl mit dem Thymian verrühren. Bei mittlerer Temperatur erhitzen und dabei darauf achten, dass der Thymian nicht anbrennt. Zum Abkühlen und Durchziehen beiseitestellen.

In einem großen Topf die Butter und das restliche Olivenöl bei mittlerer bis hoher Temperatur erhitzen. Sobald die Butter flüssig ist, Zwiebel, Karotte und Lauch hineingeben und etwa 5 Minuten anbraten, bis die Zwiebeln weich sind.

Die Süßkartoffeln einrühren und 1 Minute mitgaren.

1,5 Liter Wasser, Brühe, Lorbeerblatt sowie etwas Salz zugeben und aufkochen lassen. Sobald die Suppe anfängt zu blubbern, die Temperatur herunterschalten und etwa 30 Minuten köcheln lassen, bis die Süßkartoffeln weich sind. Das Lorbeerblatt herausfischen.

Zum Pürieren der Suppe einen Mixer oder eine Küchenmaschine höchstens zur Hälfte füllen. Langsam beginnen und die Hand auf dem Deckel lassen, falls er vom aufsteigenden Dampf nach oben gedrückt wird. Auf hohe Stufe schalten und etwa 1 Minute fein pürieren. Möglicherweise müssen Sie das portionsweise machen.

Probieren und eventuell nachsalzen; allerdings bringt der Feta schon Salz mit.

Die Suppe auf Schälchen verteilen. Etwas Feta über jede Portion krümeln und mit dem Thymian- oder Zatar-Öl beträufeln.

Reem Azoury

Sommerliche rote Gazpacho

FÜR 6–8 PERSONEN

2,5 kg reife Tomaten, in Stücke geschnitten
1 kg kleine Salatgurken, gehackt
2 kleine Knoblauchzehen, zerdrückt
60 ml Sherryessig
Saft von 1 Zitrone
12 Basilikumblätter, plus ein paar zum Garnieren
120 ml Olivenöl extra vergine
Salz und frisch gemahlener schwarzer Pfeffer

Tomaten, Gurken und Knoblauch in eine Küchenmaschine oder einen Standmixer geben und mehrfach kurz zerkleinern, bis sie grob gehackt sind.

Dann Sherryessig, Zitronensaft und Basilikum dazugeben. Fein pürieren und dabei langsam das Olivenöl zugießen.

Mit Salz und Pfeffer abschmecken. Wenn die Suppe zu dick ist, mit Wasser auf die gewünschte Konsistenz verdünnen.

Die Suppe durch ein grobes Sieb in einen Krug gießen und vor dem Servieren mindestens 1 Stunde kalt stellen.

Kalt in Gläsern servieren, mit ein paar Basilikumblättern garniert.

Martin Baudrexel

Tomatensuppe

FÜR 4 PERSONEN

---

300 g Zwiebeln
2 Knoblauchzehen
2 l Gemüsebrühe
je 2 frische Thymian-, Majoran- und Petersilienzweige
1 Lorbeerblatt
1 Stück unbehandelte Zitronenschale
½ Zimtstange
¼ Peperoni
1 Nelke
1 Esslöffel geschroteter Pfeffer
2 Esslöffel Olivenöl
100 g Frühlingszwiebeln, geputzt und in Ringe geschnitten
500 g Tomaten, gehäutet und in Würfel geschnitten
50 g getrocknete Tomaten in Öl, grob gehackt
2 Esslöffel gehackte frische Minze
1 Esslöffel unbehandelter Orangenabrieb
2 Esslöffel Orangensaft
Salz und frisch gemahlener schwarzer Pfeffer
Zucker
1 Esslöffel Joghurt
gehackte Petersilie zum Garnieren

Zwiebeln und Knoblauch schälen und klein schneiden. Mit Gemüsebrühe, Kräutern und Gewürzen in einen Topf geben und 20 Minuten bei geringer Hitze köcheln lassen.

Das Olivenöl in einem großen Topf erhitzen und die Frühlingszwiebeln darin andünsten. Frische und getrocknete Tomaten dazugeben.

Die Gewürzbrühe durch ein Sieb vorsichtig zur Tomaten-Zwiebel-Mischung gießen. Dann Minze, Orangenabrieb sowie -saft zugeben und 10–12 Minuten mitköcheln lassen.

Die Suppe vom Herd nehmen, mit Salz, Pfeffer und Zucker abschmecken und den Joghurt unterrühren.

Auf Schälchen verteilen und mit Petersilie garniert servieren.

Helena Zakharia

Ofentomaten-suppe

FÜR 4 PERSONEN

---

12 mittelgroße Tomaten, geviertelt
2 kleine Knoblauchzehen, zerdrückt
1 große Zwiebel, geviertelt
60 ml Olivenöl extra vergine
3 Thymianzweige (oder ½ Teelöffel getrockneter Oregano)
1 Esslöffel Zucker
½ Bund Basilikumblätter, plus ein wenig zum Garnieren
1 l Hühner- oder Gemüsebrühe
Salz und frisch gemahlener schwarzer Pfeffer
120 ml Sahne
sonnengetrocknete Tomaten in Öl, gehackt

Den Backofen auf 200 °C vorheizen.

Tomaten, Knoblauch, Zwiebel, Olivenöl, Thymian, Zucker und Basilikumblätter in eine Backform geben und gut vermischen. Etwa 30 Minuten im Ofen backen, bis die Tomaten gar sind. Den Thymian herausnehmen und wegwerfen.

Die Tomatenmischung in einer Küchenmaschine oder einem Standmixer pürieren. Die Hühner- oder Gemüsebrühe angießen und noch einmal pürieren, bis eine glatte Creme entstanden ist. Mit Salz und Pfeffer würzen.

Die Suppe in einen sauberen Topf füllen und auf den warmen Herd stellen. Heiß werden lassen, dann die Sahne zugeben, gut umrühren und abschmecken.

Auf Schälchen verteilen und mit gehacktem Basilikum und getrockneten Tomaten garnieren.

Martyna Monaco

Tomaten-Basilikum-Suppe mit Brot

FÜR 4–6 PERSONEN

---

100 ml Olivenöl extra vergine
5 dicke Scheiben Bauernbrot vom Vortag
1 Teelöffel Salz
1 Prise getrockneter Oregano
3 kleine Knoblauchzehen, in feine Scheiben geschnitten
1 Zwiebel, fein gehackt
10 Basilikumblätter, plus einige zum Garnieren
1 kg große reife Tomaten, in Scheiben geschnitten
1 l Gemüsebrühe

Alle Zutaten bei mittlerer Temperatur in einen großen Topf geben, und zwar in folgender Reihenfolge: Olivenöl, Brot, Salz, Oregano, Knoblauch, Zwiebel, Basilikum, Tomaten und Gemüsebrühe.

Alles zum Kochen bringen. Dann die Temperatur herunterschalten und mit Deckel 1 Stunde sanft köcheln lassen, dabei gelegentlich umrühren. Die Suppe ist fertig, sobald sie andickt, weil das Brot zerfällt.

Die Suppe auf Schälchen verteilen und heiß servieren, mit Basilikumblättern garniert.

Pascale Hares

Topinambursuppe

FÜR 4 PERSONEN

---

2 Esslöffel Olivenöl extra vergine

1 mittelgroße Zwiebel, gehackt

450 g Topinambur, geschält und in Würfel geschnitten

1 mittelgroße Süßkartoffel, geschält und in Würfel geschnitten

750 ml Hühnerbrühe

1 Lauchstange, geputzt und klein geschnitten

Saft und Abrieb von 1 unbehandelten Zitrone

1 frischer Thymianzweig

1 Lorbeerblatt

120 ml Sahne

Salz und frisch gemahlener schwarzer Pfeffer

Das Olivenöl in einem schweren Topf bei mittlerer bis hoher Temperatur erhitzen und die Zwiebel 1–2 Minuten darin anbraten. Topinambur- und Süßkartoffelwürfel einrühren und 3 Minuten mitgaren.

Hühnerbrühe, Lauch, Zitronenabrieb, Thymian und Lorbeerblatt zugeben und zum Kochen bringen. Die Temperatur herunterschalten und mit Deckel etwa 30 Minuten köcheln, bis das Gemüse ganz weich ist.

Lorbeerblatt und Thymian herausfischen und die Suppe in einer Küchenmaschine oder im Standmixer fein pürieren.

In einen sauberen Topf geben und bei niedriger Temperatur erwärmen. Zitronensaft und Sahne unterrühren und mit Salz sowie Pfeffer abschmecken.

Die Suppe auf Schälchen verteilen und heiß servieren.

Rosina Jerkezian

Armenische Zucchinisuppe

FÜR 4 PERSONEN

---

225 g Rindernacken oder anderes Schmorfleisch, in Würfel geschnitten (optional)
1 kg Zucchini, in Scheiben geschnitten (alternativ: Kürbis)
150 g Kichererbsen, gekocht oder aus der Dose
60 ml Olivenöl extra vergine
3 kleine Knoblauchzehen, zerdrückt
1 Teelöffel getrocknete Minze
2 Esslöffel Tomatenmark
Saft von 2 Zitronen
Salz

Das Rindfleisch mit 1 Liter Wasser in einen großen Topf geben. Zum Kochen bringen, die Temperatur herunterschalten und mit Deckel etwa 1 Stunde köcheln lassen, bis das Fleisch gar ist (für eine vegetarische Suppe diesen Schritt weglassen). Die Zucchinischeiben zugeben und mitköcheln, bis sie gar sind, dann die Kichererbsen einrühren und weitere 5 Minuten mitgaren.

In einem zweiten Topf das Olivenöl erhitzen und Knoblauch, getrocknete Minze und Tomatenmark hineingeben. Etwa 1 Minute verrühren, dann unter die Zucchini mischen.

Mit Zitronensaft und Salz nach Geschmack würzen und zum Erhitzen ein paar Minuten mit Deckel köcheln lassen.

Die Suppe auf Schälchen verteilen und heiß servieren.

Sana Wakeem Awad

Zucchini-Basilikum-Suppe

FÜR 4 PERSONEN

---

1 Esslöffel Butter oder Pflanzenöl

1 große Zwiebel, gehackt

2–3 kleine Knoblauchzehen, gehackt

6 mittelgroße Zucchini, gehackt

1 Esslöffel Mehl

1 l Hühnerbrühe

1 kleines Bund Basilikum (nur die Blätter)

1 kleines Bund Petersilie, gehackt

120 ml Milch oder Sahne (optional)

Salz und frisch gemahlener schwarzer Pfeffer

Die Butter oder das Pflanzenöl in einem großen Topf bei mittlerer bis hoher Temperatur erhitzen. Die Zwiebel hineingeben und 2–3 Minuten anbraten, dabei gelegentlich umrühren. Den Knoblauch 1–2 Minuten mitgaren, dann die Zucchini zugeben. Gut unterrühren und 2 Minuten dünsten.

Das Mehl mit einem Schneebesen in der Hühnerbrühe auflösen, die Mischung zur Suppe gießen, gut umrühren und alles zum Köcheln bringen. Das Basilikum zugeben.

Bei mittlerer Temperatur 20 Minuten garen, bis das Gemüse zart ist. Ganz zum Schluss die Petersilie einrühren, um der Suppe Farbe zu geben.

Zum Pürieren der Suppe einen Mixer oder eine Küchenmaschine höchstens zur Hälfte füllen. Langsam beginnen und die Hand auf dem Deckel lassen, falls er vom aufsteigenden Dampf nach oben gedrückt wird. Auf hohe Stufe schalten und etwa 1 Minute fein pürieren. Möglicherweise müssen Sie das portionsweise machen.

Die Suppe in einen sauberen Topf geben und bei niedriger Temperatur erwärmen. Milch oder Sahne zugeben, falls Sie welche verwenden. Gut umrühren, probieren, und nach Geschmack Salz und Pfeffer dazugeben.

Die Suppe auf Schälchen verteilen und möglichst heiß servieren.

Patrick Herbeaux

Zucchini-Birnen-Koriander-Suppe

FÜR 4 PERSONEN

---

2 Esslöffel Olivenöl extra vergine
1 Zwiebel, gehackt
1 Lauchstange, geputzt und gehackt
1 Knoblauchzehe, zerdrückt
2 Zucchini, gehackt
2 Birnen, geschält und gehackt
100 g Rundkornreis
1,5 l Gemüsebrühe
1 kleines Bund Koriander, grob gehackt
1 Handvoll Rucola, grob gehackt
Salz und frisch gemahlener schwarzer Pfeffer

Das Olivenöl in einem großen Topf bei mittlerer bis hoher Temperatur erhitzen. Zwiebel und Lauch 2–3 Minuten darin anbraten, dabei hin und wieder umrühren. Den Knoblauch unterrühren und 1–2 Minuten mitgaren, dann Zucchini, Birnen und Reis zugeben und gründlich untermischen.

Die Gemüsebrühe angießen, gut einrühren und zum Köcheln bringen. Mit halb offenem Deckel bei mittlerer Temperatur 15–20 Minuten garen, bis der Reis gar ist.

Koriander und Rucola unterziehen und 5 Minuten mitgaren.

Zum Pürieren der Suppe einen Mixer oder eine Küchenmaschine höchstens zur Hälfte füllen. Langsam beginnen und die Hand auf dem Deckel lassen, falls er vom aufsteigenden Dampf nach oben gedrückt wird. Auf hohe Stufe schalten und etwa 1 Minute fein pürieren. Möglicherweise müssen Sie das portionsweise machen.

Die Suppe in einen sauberen Topf geben und bei niedriger Temperatur erwärmen. Mit Salz und schwarzem Pfeffer würzen.

Die Suppe auf Schälchen verteilen und heiß servieren.

Chérine Yazbeck

Zwiebelsuppe

FÜR 4 PERSONEN

60 ml Olivenöl extra vergine

1 kg Zwiebeln, in Ringe geschnitten

1 Teelöffel Zucker

1,5 l Hühnerbrühe

250 ml Weißwein

1 Lorbeerblatt

1 Prise getrockneter Thymian

Salz und frisch gemahlener schwarzer Pfeffer

½ Baguette, in dicke Scheiben geschnitten

200 g Comté- oder Gruyère-Käse, gerieben

Den Backofengrill auf 200 °C vorheizen.
Das Olivenöl in einem schweren Topf bei mittlerer Temperatur erhitzen und die Zwiebeln darin unter Rühren etwa 10 Minuten anbraten, bis sie weich und goldbraun sind.

Nach etwa 1 Minute den Zucker einrühren, damit die Zwiebeln besser karamellisieren.

Hühnerbrühe, Weißwein, Lorbeerblatt sowie Thymian zugeben und langsam zum Kochen bringen. Die Temperatur herunterschalten und alles mit Deckel 30 Minuten köcheln lassen.

Mit Salz und Pfeffer abschmecken und das Lorbeerblatt herausfischen.

Die Brotscheiben im vorgeheizten Ofen etwa 3 Minuten anrösten, bis sie goldbraun sind.

Die Suppe auf ofenfeste Schälchen verteilen. Die Brotscheiben darauflegen und mit Käse bestreuen. 10 Minuten bei 200 °C unter den Grill stellen, bis der Käse geschmolzen und leicht angebräunt ist. Sofort servieren.

32

Die Porträts

Suppen für Syrien

Nur 45 Minuten von meiner warmen, gemütlichen Wohnung in der Bekaa-Ebene entfernt liegt ein improvisiertes Flüchtlingslager – eines von mehreren im Libanon –, in dem sich syrische Familien in Plastikzelten drängen und Kinder an Kälte und Hunger sterben. Ich versuche zu schlafen und diese Wirklichkeit zu ignorieren, aber es ist unmöglich. Ich bin nicht immun gegen das Leiden anderer.

Flüchtlinge sind Menschen, die gezwungen waren, ihre Heime und ihr Land zu verlassen, um Krieg oder Verfolgung zu entgehen und Sicherheit für sich und ihre Familien zu suchen. Oft werden sie nicht willkommen geheißen, sondern schlecht behandelt und missverstanden.

Ich bin Kochbuchautorin und Fotografin. Wie kann ich meinen Beruf nutzen, um Menschen in Not zu helfen und über die beiden großen Leidenschaften meines Lebens – Essen und Fotografie – eine Botschaft des Friedens auszusenden? Ich fing an, die Flüchtlingslager zu besuchen, jedes Mal mit einem Kofferraum voller Lebensmittel. Nach mehreren Besuchen kannte ich viele der Familien, die im Lager wohnten; inzwischen gehören sie zu meinem erweiterten Familienkreis.

Im Winter 2014/2015 besuchte ich sie jede Woche. Je öfter ich vorbeikam, je mehr Geschichten ich hörte, je mehr Verzweiflung ich wahrnahm, desto unglücklicher wurde ich. Ich war entschlossen zu helfen, koste es, was es wolle. Sind wir nicht alle Menschen, die für ihre Familien das Gleiche wollen – Liebe, Essen und Unterkunft?

Die Ausmaße dieser humanitären Krise warfen mich vollkommen um. Warum hat sie keinen weltweiten Ruf nach Unterstützung und Hilfe aus aller Herren Länder ausgelöst? Warum hat die Welt die syrischen Flüchtlinge vergessen? Und warum gibt es entscheidende Lücken bei der humanitären Hilfe der reichsten Länder der Erde? Vor Kurzem rief Hanaa Singer, die Vertreterin von UNICEF in Syrien, zur Hilfe auf: »Wir drängen alle Spenderländer zu längerfristigen Investitionen, damit Kinder überleben und beginnen können, die nächste Phase ihres Lebens aufzubauen. Wir dürfen die Menschen aus Syrien nicht aufgeben.«

Nein, wir dürfen nicht aufgeben! Ich möchte die Kinder überleben sehen. Deshalb habe ich das Projekt *Suppen für Syrien* begonnen – eine humanitäre Kampagne, die dazu beiträgt, den Flüchtlingen Essen und unentbehrliche Nahrungsmittel zu verschaffen. Meine Hoffnung ist, dass Sie alle mir beistehen werden, als Sonderbotschafter von *Suppen für Syrien*. Die Erlöse aus dem Verkauf dieses Kochbuchs – mit Fotos syrischer Flüchtlinge in der Bekaa-Ebene und Suppenrezepten berühmter Köche und Kochbuchautoren – werden einen kleinen Beitrag liefern, um das Leiden der 3,8 Millionen Flüchtlinge zu lindern.

Diese Erfahrung hat mein Leben grundlegend verändert. Sie hat mich gelehrt, was die meisten Propheten, Philosophen und Glaubenslehrer ihren Schülern beizubringen versuchen. Ich bin jetzt ein besserer Mensch. Und ich bin nicht allein. Wir sind nicht allein! Alle diejenigen, die an der Erschaffung dieses Werks mitgearbeitet haben, tragen zu dieser schönen Botschaft bei – einer Botschaft der Hoffnung.

Barbara Abdeni Massaad

220
CH
X-ray

Die Mitwirkenden

Joumana Accad ist eine libanesisch-amerikanische Konditorin, Bloggerin und Kochbuchautorin. Sie ist die Gründerin von TasteofBeirut.com und Autorin des Buches *Taste of Beirut.* **S. 97**

Paola Skaff Alford ist kürzlich von Beirut nach Bali umgezogen. Sie ist Künstlerin, Köchin, Yogi und Mutter von zwei Kindern. Ihre Leidenschaft gilt dem Mischen von Farben – bei Stoffen, in der Malerei oder mit Kochzutaten. **S. 115**

Jacqueline Amirfallah ist seit 1998 Küchenchefin im Gauß – Restaurant am Theater in Göttingen. Dort lässt sie ihre Gäste immer mal wieder am Zauber ihrer orientalischen Heimatküche teilhaben. Sie kocht regelmäßig in der Fernsehsendung *ARD Buffet.* Daneben begeistert sie sich für gute Produkte aus der Region, die man, zu saisonalen Köstlichkeiten verarbeitet, auch im von ihr betriebenen Bistro Apex in Göttingen genießen kann. www.restaurant-gauss.de **S. 62**

Sana Wakeem Awad ist Köchin, Gärtnerin und Food-Autorin. Sie lebt auf einem Bauernhof in Jordanien, baut Bio-Kräuter und Bio-Gemüse an und produziert hausgemachte Marmeladen. Sie hat an der Glion-Hotelfachschule in der Schweiz studiert und bei dem belgischen Unternehmen Puratos eine Konditorei- und Bäckereiausbildung gemacht. **S. 29, 51, 120, 187**

Reem E. Azoury war sieben Jahre lang Eigentümerin und Chefköchin von Figs Fine Foods in Washington, D.C. Inzwischen lebt sie in Beirut, wo sie für Meat the Fish originelle Speisekarten und neue Speisenkonzepte entwickelt. **S. 174**

Joe Barza ist ein libanesischer Meisterkoch mit über 22 Jahren Erfahrung auf kulinarischem Gebiet. Er hat zahlreiche Preise bei internationalen Gastronomie-Veranstaltungen gewonnen, wo er sein Land mit Stolz und Ehre vertrat. Als beliebter Fernsehmoderator war er Co-Gastgeber der ersten Staffel der TV-Serie *Master Chef* im Nahen Osten. Er ist Gründer und Chefberater von Joe Barza Culinary Consultancy sowie Mitglied der Académie Culinaire de France, des Verbands der Köche Deutschlands (VKD) und des Organisationskomitees des Salon Culinaire bei der libanesischen Gastronomiemesse HORECA. **S. 130**

Martin Baudrexel erlernte den Beruf des Kochs im kanadischen Montreal. Seit 2015 fungiert er als Küchenchef im Ausbildungsrestaurant Röcklplatz in München, in dem sozial benachteiligte Jugendliche eine Ausbildung in der Gastronomie erhalten. Der Öffentlichkeit wurde er als Teil des Teams der Fernsehsendungen *Die Kochprofis, Die Küchenchefs* und *Die Küchenschlacht* bekannt. **S. 177**

Mark Bittman gehört zu den bekanntesten und angesehensten Food-Autoren Amerikas. Er schreibt für die *New York Times* als Kommentator und Blogger über Ernährungspolitik, Kochen und Essen und ist außerdem der wichtigste Food-Autor des *New York Times Magazine*.
Er schrieb 13 Jahre lang die Kolumne »The Minimalist«, aus der auch eine TV-Sendung für The Cooking Channel entstand. Außerdem ist er regelmäßig bei der *Today Show* zu Gast und hat mehr als ein Dutzend Kochbücher geschrieben, darunter *How to Cook Everything, How to Cook Everything Vegetarian* und *Food Matters.* www.markbittman.com **S. 71**

Chris Borunda ist in Los Angeles geboren und aufgewachsen. Nach seinem Bachelor-Abschluss an der Tohoku-Universität im japanischen Sendai besuchte er das Culinary Institute of America in Hyde Park, New York. Er ging in Deutschland und Frankreich in die Lehre, bevor er nach New York zurückkehrte, wo er Chefkoch des Restaurants Montmartre ist. **S. 138, 141**

Anthony Bourdain ist Koch, Autor und Geschichtenerzähler; am bekanntesten ist er für die bauchgesteuerten Weltreisen in seiner Fernsehsendung *Anthony Bourdain: Eine Frage des Geschmacks,* eine Reise-Dokuserie für CNN, die 2013 mit zwei Emmys und 2014 mit einem Peabody Award und einem Emmy ausgezeichnet wurde. Er ist Verfasser des Bestsellers *Geständnisse eines Küchenchefs: Was Sie über Restaurants nie wissen wollten*, des Reisetagebuchs *Ein Küchenchef reist um die Welt* und der Autobiographie *Ein bisschen blutig.* Außerdem hat er drei Krimis, ein Kochbuch, eine Biographie der *Typhoid Mary,* den erfolgreichen Comicroman *Get JIRO!* und diverse andere Bücher geschrieben. **S. 36**

Jill Boutros ist Weingut- und Restaurantbesitzerin. Sie lebt in den Bergen, mit Blick auf Beirut und das Mittelmeer. Auf ihren Bio-Weinbergen baut sie internationale Spitzenweine an, außerdem ist sie eine begeisterte Köchin und Bäckerin, die dem Zauber der unglaublich schmackhaften und frischen libanesischen Saisonprodukte verfallen ist. **S. 133**

Sally Butcher ist die Eigentümerin von Persepolis, einem bemerkenswerten persischen Lebensmittelgeschäft und Café in London, das sie mit ihrem Ehemann Jamshid führt. Außerdem ist sie eine produktive Kochbuchautorin und Bloggerin. Ihr erstes Buch, *Persia in Peckham,* wurde von der *Times of London* zum Kochbuch des Jahres gewählt und war 2008 für den André Simon Award nominiert. Auch die auf Deutsch erschienenen Bücher *Veggiestan* und *Snackistan* wurden von der Kritik gelobt. **S. 68**

Caline Chaya hat im Institut Paul Bocuse gelernt. Sie ist Botschafterin von Jamie Olivers Food Revolution in Beirut, Libanon. **S. 43**

Laurie Constantino lebt in Anchorage, Alaska, und auf Limnos, einer ländlichen griechischen Insel in der nördlichen Ägäis. In ihren beiden Küchen spielt mediterranes Essen die Hauptrolle. Sie unterrichtet Kochen und ist die Verfasserin von *Tastes like Home: Mediterranean Cooking in Alaska.* www.laurieconstantino.com **S. 101**

Alexis Couquelet ist leitender Küchenchef und Teilhaber von The Alleyway Group. Er trägt einen Bachelor-Abschluss in Culinary Arts der Academy of Culinary Arts in New York und hat über 20 Jahre Berufserfahrung als Mitarbeiter bekannter Restaurants und Caterer in Paris, den USA und im Libanon, darunter einige der angesehensten Namen der französischen Gastronomie. Zur Zeit lebt er in Beirut als Eigentümer und Leiter von zwei Niederlassungen der Couqley-Restaurants. **S. 23, 119**

Marie Carmen Fallaha ist eine in Mexiko geborene Innenarchitektin und Modedesignerin und lebt im Libanon. Sie ist Gründerin und Designerin der Marke Emme, deren Flagship-Store sich im Stadtzentrum von Beirut befindet. **S. 166**

Cristina Ghafari ist Event-Managerin bei Slow Food Beirut. Sie ist in New York geboren, hat portugiesische Wurzeln und lebt heute mit ihrer Familie im Libanon. Seit Dezember 2013 kocht sie jede Woche Suppe und verteilt sie an die Obdachlosen und Flüchtlinge in ihrer Nachbarschaft. **S. 47, 56**

Fernando Gomez fing schon als kleiner Junge an, in seinem Heimatland Mexiko für Familie und Freunde zu kochen. Nachdem er die Kochschule besucht hatte, wurde seine Leidenschaft zum Lebensweg. Heute lebt er in Beirut, wo er seine Liebe zu gutem Essen mit einem ganz persönlichen mexikanischen Pfiff mit anderen Menschen teilt. **S. 149**

Aziz Hallaj ist Berater für Stadtplanung und -entwicklung und Local Governance. Er ist Gastdozent an der Amerikanischen Universität Beirut. 2007 wurde ihm der Aga-Khan-Architekturpreis verliehen. **S. 122**

Pascale Hares ist Grafikdesignerin. Geboren und aufgewachsen ist sie in Beirut, wo sie auch lernte, Richtig und Falsch zu unterscheiden. Sie lebt mit ihrem Ehemann, ihren beiden Söhnen und einem glücklicherweise weiblichen Labrador in den Bergen. Sie lehrt Corporate Identity an der libanesischen Kunstakademie Alba und arbeitet zu Hause, wo sie Logos, Corporate Identities, Illustrationen und Rezepte für gute Menschen entwirft. Sie hat *Suppen für Syrien* gestaltet. www.pascalehares.com **S. 125, 183**

Christoph Hauser & Michael Köhle betreiben, nach jahrelanger Erfahrung in der deutschen Spitzengastronomie, zusammen das Herz & Niere in Berlin Kreuzberg. Dort schlagen sie mit Produkten vom eigenen Acker eine Brücke zwischen klassischer Kochkunst und zeitgemäßer jahreszeitlicher Ausrichtung. www.herzundniere.berlin **S. 65**

Patrick Herbeaux ist Arzt und Gründer von Pailettes et Confitures, eine Kollektion von Gourmet-Marmeladen und Fruchtkonserven. Zu seinen Leidenschaften gehören das Reisen und das Kochen für Freunde und Familie. **S. 144, 161, 188**

Meta Hiltebrand eröffnete nach ihrer Lehre in den Zürcher Restaurants Rigihof und Bauhaus die Kutscherhalle, ihr erstes Restaurant. Nach »wilden Jahren« führt sie seit 2013 den kreativen Gourmettempel Le Chef in Zürich. Außerdem stand sie für die Schweizer Fernsehsendung *kochen.tv* vor der Kamera und veröffentlichte ihre Rezepte in *Meta kocht.* www.restaurantlechef.ch **S. 142**

Jane Hughes ist Food-Autorin, Produzentin und Verlegerin. Sie arbeitet seit über 20 Jahren für die Vegetarian Society und ist ehemalige Herausgeberin der Zeitschrift *The Vegetarian.* Ihre Texte sind unter anderem im Londoner *Guardian,* im *BBC Vegetarian Good Food Magazine* und in der Zeitschrift *Resurgence* erschienen. Sie hat mehrere Bücher verfasst, zuletzt *The Adventurous Vegetarian: Around the World in 30 Meals.* **S. 30**

Nur Ilkin ist Food-Autorin, Kochlehrerin und Mitverfasserin der Bücher *A Taste of Turkish Cuisine* und *The Turkish Cookbook*. Sie erlernte die Geheimnisse der türkischen Küche von ihrer

Großmutter, perfektionierte ihre kulinarischen Fähigkeiten aber erst, während sie als Gattin eines türkischen Botschafters Diplomaten und Würdenträger bewirtete. **S. 39, 82**

Rosina Jerkezian ist leidenschaftliche Köchin und Bloggerin. Ihr Blog präsentiert eine Vielzahl traditioneller armenischer und libanesischer Gerichte und tritt für gesundes, langsames Kochen ein. **S. 147, 184**

Aline Kamakian gab ihre erfolgreiche Karriere in der Versicherungsbranche auf, um sich ihrer Leidenschaft für das Essen zu widmen. 2003 eröffnete sie mit ihrem Cousin **Serge Maacaron** Mayrig Beirut, ein zeitgenössisches armenisches Restaurant, das die oft vergessenen Aromen des alten Armeniens feiert. Seitdem hat sich Aline an neue Konzepte herangewagt und The Kitchen, M Catering, Mayrig Jeddah, Batchig by Mayrig und das Restaurant Mayrig Boulevard in Dubai eröffnet, dem eine Zweigstelle in Riad folgte. **S. 108**

Sheilah Kaufman ist Food-Autorin, Vortragsrednerin, Kochlehrerin und die Autorin von 26 Kochbüchern, darunter der Bestseller *The Turkish Cookbook* (gemeinsam mit Nur Ilkin verfasst). Sie ist Gründungsmitglied der International Association of Culinary Professionals (IACP) und hat für zahlreiche Publikationen geschrieben, darunter *Vegetarian Times, Washington Post, Tampa Tribune* und *Baltimore Sun*. **S. 39, 82**

Beatrice Khater wurde in Madrid geboren und lebt jetzt in Beirut, wo sie als Hausärztin arbeitet und in der Ausbildung von zukünftigen Ärzten tätig ist. **S. 107**

Johannes King ist Küchenchef und Gastgeber im Hotel Söl'ring Hof in Rantum auf Sylt. 2004 bekam er hier seinen zweiten Michelin-Stern und 17 Punkte von Gault Millau. Das Magazin *Der Feinschmecker* kürte ihn 2013 zum »Koch des Jahres«. King kocht regelmäßig im TV und fördert die Reputation und Vermarktung regionaler Produkte aus Sylt sowie aus ganz Schleswig-Holstein. www.johannesking.de **S. 169**

Mario Kotaska arbeitete nach seiner Ausbildung zum Koch in diversen Gourmetrestaurants. Von 2003 bis 2011 war er Küchenchef im La Societé in Köln. Seit 2005 ist er zudem durch seine Fernsehsendungen *Die Kochprofis* und *Die Küchenchefs* einem breiteren Publikum bekannt. Zusammen mit seinem Kollegen Ralf Zacherl und dem Berliner Weinladen Schmidt eröffnete er 2014 das Restaurant Schmidt Z&KO in Berlin. www.mariokotaska.de **S. 49**

Diala Kourie ist libanesisch-syrischer Abstammung; sie lebt seit 1987 in Belgien. **S. 86**

Aglaia Kremezi hat dem amerikanischen Publikum die griechische Küche mit ihrem Buch *The Foods of Greece* vorgestellt, das mit dem Julia Child Award ausgezeichnet wurde. In ihrem neuesten Buch, *Mediterranean Vegetarian Feasts,* führt sie die Leser auf eine Kochreise durch die ganze Mittelmeerregion. Ihr Blog *Aglaia's Table* ist eine Chronik des Essens und Lebens auf der griechischen Insel Kea, wo sie lebt und glückliche Reisende im Kochen unterrichtet. www.keartisanal.com **S. 67**

Carolyn Kumpe hat über 20 Jahre lang in hoch gelobten nordkalifornischen Restaurantküchen gearbeitet. Sie ist Chefköchin und Eigentümerin von Vendage & Company, einem Catering-Unternehmen im Weinbaugebiet der Sierra Nevada Foothills. Ihre Rezepte sind in der Zeitung *Sacramento Bee* und in Zeitschriften wie *Southern Living, Country Home, Sunset, Reader's Digest, Taste of Home, Cooking Light, Rachel Ray* und *Sacramento Magazine* erschienen. Sie ist seit Langem Mitglied von Slow Food und der International Association of Women Chefs. **S. 153**

Candice Lorfing ist halb Bosnierin, halb Libanesin. Sie ist Mutter von zwei Kindern, begeisterte Köchin, Liebhaberin guten Essens und eine abenteuerlustige Bäckerin. **S. 157**

Greg Malouf, im australischen Melbourne als Sohn libanesischer Eltern geboren, ist ein Michelin-Sternekoch, der als der moderne nahöstliche Meisterkoch schlechthin gilt. Mit seiner früheren Ehefrau Lucy Malouf ist er Co-Autor der vielfach preisgekrönten Kochbücher *Arabesque, Moorish, Saha, Turquoise, Saraban, Malouf: New Middle Eastern Food* und zuletzt *Orientalisch vegetarisch: Über 130 Rezepte für Genießer.* **S. 35, 53, 137**

Barbara Abdeni Massaad ist Food-Journalistin, Fernsehmoderatorin, Kochbuchautorin und schreibt regelmäßig Beiträge für internationale Kochzeitschriften. Sie hat mehrere Kochbücher verfasst, darunter *Man'oushé: Inside the Lebanese Street Maiser Bakery* und *Mouneh: Preserving Foods for the Lebanese Pantry,* das mit dem Gourmand Cookbook Award und dem International Academy of Gastronomy Award ausgezeichnet wurde. Sie ist Mitgründerin von Slow Food Beirut und aktives Mitglied der internationalen Slow-Food-Bewegung. Sie lebt mit ihrem Mann und drei Kindern in Beirut. **S. 162**

Garrett Melkonian ist Küchenchef von Mamnoon, einem libanesischen Restaurant in Seattle, Washington. **S. 60**

Martyna Monaco ist im italienischen Neapel geboren. Sie hat einen Universitätsabschluss im Fach Gastronomie und arbeitet zur Zeit für Slow Food Cremonese. Ihre größte Leidenschaft ist die Beschäftigung mit dem kulinarischen Erbe der Mittelmeerländer. **S. 24, 40, 98, 129, 180**

Nelson Müller ist seit 2009 Inhaber des Restaurants Schote in Essen, das 2011 einen Stern vom Guide Michelin verliehen bekam. Zudem betreibt er seit Anfang 2014, ebenfalls in Essen, das Bistro Müllers auf der Rü mit Spezialitäten aus dem Ruhrgebiet. Als Koch, Moderator und Juror tritt er in diversen Fernsehsendungen auf. Er hat mehrere Kochbücher verfasst, zuletzt *Öfter vegetarisch: Echter Geschmack für Teilzeit-Vegetarier.* www.nelson-mueller.de **S. 102**

Oumayma Nadar studierte an der Saint Martin's School of Art und an der Byam Shaw School of Painting in London. Nach einem Jahrzehnt in der Kunstwelt eröffnete sie im Jahr 2000 das House of Chi, den ersten Anbieter von traditioneller Meditations- und Kampfkunst und Heiltherapie in Dubai. Ihr neuestes Unternehmen ist The Wellness Project. **S. 171**

Yotam Ottolenghi ist Kochautor und kulinarischer Leiter der Ottolenghi-Feinkostläden und des Restaurants NOPI. Er schreibt eine wöchentliche Kolumne im Wochenendmagazin des

Guardian und hat vier Kochbuch-Bestseller veröffentlicht: *Genussvoll vegetarisch, Vegetarische Köstlichkeiten* sowie, zusammen mit Sami Tamimi, *Ottolenghi: Das Kochbuch* und *Jerusalem*. Yotam hat mehrere Staffeln der TV-Serie *Mediterranean Feast* für Channel 4 gedreht, außerdem die BBC4-Doku *Jerusalem on a Plate*. www.ottolenghi.co.uk **S. 81**

Alexandro Pape kochte von 1999 bis 2016 im Restaurant Fährhaus auf Sylt, wo er mit zwei Michelin-Sternen und 17 Punkten im Gault Millau ausgezeichnet wurde. Seit 2016 betreibt er das Restaurant Brot & Bier in dem das Abendbrot neu interpretiert und das in der Sylter Meersalzmanufaktur in List selbst gebraute Bier serviert wird. www.brot-und-bier.de **S. 88**

Veronica Pecorella ist in der alten Osteria ihrer Familie in einem kleinen norditalienischen Dorf aufgewachsen. Kochen und gemeinsam Essen waren immer ihre Leidenschaften. Sie arbeitet in der Qualitätssicherung für den Agrar-, Nahrungsmittel- und Gastronomiesektor und ist Beiratsmitglied der Vereinigung der Bürger der Mittelmeerländer, ACM. **S. 76**

Christian Rach studierte in Hamburg Mathematik und Philosophie und finanzierte sein Studium als Koch. Danach arbeitete er weltweit als Gastkoch. Mit seinen eigenen Restaurants wurde er vielfach mit höchsten Auszeichnungen bedacht, u.a. vom Guide Michelin und Gault-Millau. 2005 begann seine Fernsehkarriere mit den Serien *Teufelsköche* und *Rach, der Restauranttester*, inzwischen gehört er zu Deutschlands bekanntesten Fernsehgesichtern. www.christianrach.de **S. 73**

Elisabeth Raether ist Redakteurin im Politikressort der Wochenzeitung DIE ZEIT und schreibt im Zeit-Magazin die Kolumne Wochenmarkt. **S. 44**

Wendy Rahamut ist Autorin mehrerer Kochbücher, darunter *Caribbean Flavours, Modern Caribbean Cuisine* und *Curry, Callaloo & Calypso*. Sie ist Beraterin im Bereich Essen & Gastronomie, außerdem Food-Stylistin und wöchentliche Rezept-Kolumnistin für den *Trinidad Guardian*. Sie ist Eigentümerin der Wendy Rahamut School of Cooking und seit 1998 Moderatorin der wöchentlichen TV-Kochsendung *Caribbean Flavours*. Sie lebt in Trinidad. **S. 54**

Claudia Roden ist in Kairo geboren und aufgewachsen. Zu ihren Büchern gehört *Das Buch der Jüdischen Küche*, das acht internationale Preise gewonnen hat, außerdem *Die Küche des Vorderen Orients, Die orientalische Küche, Coffee: A Connoisseur's Companion, The Food of Italy: Region by Region, Von der Lust im Freien zu speisen* und *Arabische Küche, Mittelmeerküche*. 1989 gewann sie die beiden wichtigsten italienischen Koch-Preise, den Premio Orio Vergani und den Premio Maria Luigia, Duchessa di Parma. Außerdem wurden ihr sechs Glenfiddich-Preise verliehen. Heute lebt sie in London. **S. 32**

Iman Sabbagh ist die Besitzerin von Tayebat Iman, einer im Jahr 2000 gegründeten kleinen Bäckerei im Südlibanon. Iman leistete Pionierarbeit, indem sie die örtlichen Bauern beim Anbau chemiefreien Getreides ermutigte und unterstützte; sie produziert gesundes, zuckerfreies Konfekt, Vollkornweizenbrot, Süßigkeiten und Nussmus. **S. 85**

Claude Chahine Shehadi begann ihre Laufbahn als Filmemacherin. Sie hat sich das Kochen selbst beigebracht und ist Autorin von drei Kochbüchern über die Mittelmeerküche. Sie ist Mitgründerin von The Libaliano Kitchen und gibt Seminare über libanesische Küche. Sie lebt in Boston, Massachusetts. **S. 134**

Ana Sortun wurde schon als »eine der kreativsten Fusion-Köchinnen« der USA bezeichnet. Sie besuchte die La Varenne Ecole de Cuisine in Paris und eröffnete Anfang der 1990er das Moncef Medeb's Aigo Bistro in Concord, Massachusetts. Nach kurzen Etappen bei 8 Holyoke und Casablanca in Harvard Square eröffnete sie 2001 Oleana, wo sie sofort überschwänglich für ihre nahöstlichen Gerichte gelobt wurde, die in der *New York Times* als »bäuerlich-traditionell und überaus erfinderisch« beschrieben wurden. Nachdem sie 2005 von der James-Beard-Stiftung als beste Köchin der nordöstlichen USA ausgezeichnet wurde, erschien 2006 ihr Kochbuch-Bestseller *Spice: Flavors of the Eastern Mediterranean.* 2010 trat Ana in der zweiten Staffel der Bravo-TV-Serie *Top Chef Masters* auf. **S. 165**

Sami Tamimi ist Chefkoch der drei Londoner Ottolenghi-Feinkostläden. Er ist jeden Tag in der Küche, erfindet neue Gerichte und innovative Speisekarten und fördert junge Kochtalente. Zusammen mit Yotam Ottolenghi ist Sami Tamimi Co-Autor der zwei Kochbuch-Bestseller *Ottolenghi: Das Kochbuch* und *Jerusalem,* das unter anderem mit dem James Beard Award für das beste internationale Kochbuch und dem Preis »Best Cookbook« des *Observer Food Monthly* ausgezeichnet wurde. **S. 81**

Sona Tikidjian ist eine Kleinunternehmerin, die köstliche hausgemachte, traditionelle armenische Gerichte auf den Bauernmärkten von Beirut, Libanon, verkauft. **S. 111**

Linda Toubia ist im Südlibanon geboren und kocht schon, seit sie denken kann. Sie ist Mutter von fünf Kindern, Großmutter von zehn Enkeln und Urgroßmutter von zwei Urenkeln. **S. 64**

Alice Waters, Köchin, Aktivistin und Besitzerin von Chez Panisse Restaurant & Café, engagiert sich seit mehr als vier Jahrzehnten für eine lokale und nachhaltige Landwirtschaft. Sie erhielt von der James-Beard-Stiftung den Preis »Beste Köchin Amerikas«, trägt den Orden der französischen Ehrenlegion und wurde vom *Restaurant Magazine* für ihr Lebenswerk als eines der 50 besten Restaurants der Welt ausgezeichnet. Sie hat viele Kochbücher verfasst, in den letzten Jahren *40 Years of Chez Panisse, In the Green Kitchen* und *The Art of Simple Food: Rezepte und Glück aus dem Küchengarten.* **S. 95**

Troth Wells ist die hoch gelobte Autorin zahlreicher Kochbücher, darunter *Small Planet, Small Plates: Earth-Friendly Vegetarian Recipes, Vegetarisch aus aller Welt* und *Vegetarisch leicht & schnell.* **S. 116, 158**

Sarah Wiener brach mit 16 die Schule ab, reiste durch Europa und zog schließlich nach Berlin, wo sie im Restaurant Exil ihres Vaters zunächst in der Küche arbeitete. Heute ist sie eine der bekanntesten Fernsehköchinnen Deutschlands, Kochbuchautorin und Gründerin sowie Frontfrau der Sarah Wiener GmbH. Öffentlich tritt Sarah

Wiener für den Erhalt unserer natürlichen Lebensgrundlagen ein sowie für ein ethisch-ökologisches Ernährungsbewusstsein in unserer Gesellschaft. Um den Kreislauf vom Acker auf den Teller zu schließen, hat Sarah Wiener sich einen Jugendtraum erfüllt und ist gemeinsam mit Partnern auf dem uckermärkischen Gut Kerkow unter die Bauern gegangen. www.sarahwiener.de **S. 155**

Paula Wolfert ist als eine der wichtigsten Food-Autorinnen der USA anerkannt und gilt als »Königin der mediterranen Küche«. Sie schreibt eine Kolumne in *Food & Wine*, abwechselnd mit Jacques Pepin und Marcella Hazan, und ist Verfasserin von elf Kochbüchern, darunter *The Food of Morocco, The Slow Mediterranean Kitchen* und *The Cooking of Southwest France*. Wolfert hat für ihre Schriften zahlreiche Auszeichnungen erhalten, unter anderem den Julia Child Award, den M.F.K. Fisher Award, den James Beard Award, den Platinum Plate Award der Zeitschrift *Cook's*; außerdem wurde sie vom Salon International du Livre Gourmand für ihr Lebenswerk ausgezeichnet. Ihre Artikel sind in der *New York Times* sowie in den Zeitschriften *Saveur, Fine Cooking* und *Cook's Illustrated* erschienen. 2008 wurde sie in die Hall of Fame der James-Beard-Stiftung aufgenommen. **S. 126**

Chérine Yazbeck ist freie Fotojournalistin und Leiterin der Levante-Redaktion der Transterra Media, einer in Beirut ansässigen Presseagentur. Sie hat zahlreiche Bücher verfasst, darunter *A Complete Insiders Guide to Lebanon, The Rural Taste of Lebanon* und *Le Liban Gourmand*. **S. 190**

Ralf Zacherl wurde 1971 in Wertheim geboren, wo die Eltern noch heute eine Gaststätte betreiben. Nach der Schule lernte er Koch im Hotel Schwan. Neben mehreren Stationen als Küchenchef war er lange mit Kochsendungen im Fernsehen präsent. Seit 2003 ist er selbständig und bietet unter anderem Eventkochen und Kochkurse an. www.ralf-zacherl.de **S. 150**

Helena Zakharia fand ihre Leidenschaft für das Kochen am Tag nach den Flitterwochen. Sie war 21 Jahre alt, zuständig für die gemeinsamen Mahlzeiten und konnte nicht kochen. So fing sie an zu Experimentieren. **S. 59, 74, 78, 113, 178**

Dank

Ich möchte allen danken, die an diesem humanitären Kochbuchprojekt mitgewirkt und direkt oder indirekt dazu beigetragen haben. Es ist erstaunlich, wie viele wir waren. Ich werde mit Cristina Ghafari anfangen, die mich auf die Idee brachte, mich auf Suppen zu konzentrieren. Es war für mich eine wichtige Inspiration, ihr jeden Tag auf dem Slow Food Earth Market in Hamra zuzusehen, wo sie Suppe für die Flüchtlinge kochte. Martyna Monaco hat mir großzügig ihre Zeit geschenkt – beim Kochen und für vieles andere. Meine italienische Tochter!

Danke an das Hauptquartier von Slow Food in Italien, an Suzy Daher, an Karma Valluy und ihre Familie und an Ursula Valluy für ihre großzügigen Spenden, die zur Finanzierung dieses Projekts beitrugen. Danke an Lisa Debbane, Maya Nader, Cathy Sultan, Charlotte Hamaoui, Little Helps Association, Catherine Kassouf, Laura Fallaha sowie Nathalie und Claude Shehadi für ihre Spenden zum Einkaufen von Lebensmitteln und anderen lebensnotwendigen Gütern für die Flüchtlinge.

Danke an Rodolphe Ghossoub dafür, dass er mich den Leuten von UNICEF vorgestellt hat, insbesondere Maria Assi von Beyond, die mich in den Flüchtlingslagern mit offenen Armen willkommen hieß. Ein großer Dank geht in die Türkei, an Al Ghati und seine Familie, die immer einen besonderen Platz in meinem Herzen einnehmen werden.

Ich möchte all den berühmten und begabten Köchen danken, die auf meine Bitte antworteten und Beiträge zu diesem Kochbuch geliefert haben.

Von ganzem Herzen danke ich meinen Freunden und Kollegen, die mir während der Entstehung dieses Buches Hilfe, Unterstützung und Ermutigung anboten: Diana Aboulhosn, Bashar Alsharani, Amale Bassile, Maroun Chedid, Sandra Dagher, Mona El Dorr, Maria Sevine Fakhoury, Carmen Fallaha, Victoria Frolova, Lina Abdeni Hoffman, Mario Haddad JR, Wassef Haroun, Zeinab Jeambey, Annie Kabakian, Randa Kacha, June Kettaneh, Hanan El Khatib, Lionel Lopez, May Metni, Therese Mourkos, Carole Nader, Nelida Nassar, Tony Rami, Nadime Rawda, Betty Saleh, Alexandra Stratou, Jacqueline Massaad, Vivianne Zakka und Lorenza Zgheib.

Alle Rezepte in diesem Buch wurden von einer wunderbaren Gruppe getestet – Menschen, die großzügig ihre Zeit und Energie anboten und sowohl beim Kochen als auch beim Arrangieren der Fotos halfen.

Ein besonderer Dank geht an Pascale Hares, die das Buch entworfen hat und diesem Projekt ihre Zeit schenkte, an Karma Valluy für ihre Tipps und ihre grenzenlose Unterstützung und an Jill Boutros für die Hilfe beim Lektorat. Dieses Buch hätte ohne die harte Arbeit von Michel Moushabeck, dem Verleger von Interlink Publishing, nicht die angestrebte Wirkung gehabt. Ein besonderes Dankeschön an Leyla Moushabeck und das restliche Team von Interlink dafür, dass sie geduldig das ganze Buch durchgingen und dafür sorgten, das alles perfekt ist.

Einen herzlichen Dank an den DuMont Buchverlag und Rafik Schami, die sich mit solch großem Engagement für den Erfolg der deutschen Ausgabe eingesetzt haben.

Mein Dank geht an meinen liebevollen Ehemann Serge, der nie aufhört, mich zu ermutigen, und an meine Kinder Albert, Maria und Sarah, das Licht meines Lebens. Möge unsere liebevolle Familie immer bereit sein, Menschen in Not zu helfen!

Und zuletzt schulde ich all den Flüchtlingen im Bekaa-Tal Dank, die mir vertrauten und in gutem Glauben mit mir zusammenarbeiteten, obwohl sie keine Ahnung hatten, worauf ich hinauswollte. Ich bete dafür, dass sie und ihre wunderbaren Kinder einen Weg finden werden, diese schweren Zeiten zu ertragen und zu überstehen, bis sie in ihre Heimat Syrien zurückkehren können. Ich bete um Frieden und Sicherheit für alle Menschen.

Barbara Abdeni Massaad

Zutaten-Register

100% der Erlöse dieses Buches gehen an Schams e.V.

Schams e.V. (von arabisch »Sonne«) ist ein gemeinnützig eingetragener Verein zur Förderung und Unterstützung von syrischen Kindern und Jugendlichen. Er wurde 2012 auf Initiative des syrisch-deutschen Schriftstellers Rafik Schami und des Tübinger Verlegers Hans Schiler gegründet.

Schams e.V. fördert und unterstützt sorgfältig ausgewählte Einrichtungen in Syrien, der Türkei und im Libanon, die syrischen Kindern und Jugendlichen vor Ort eine Perspektive ermöglichen.

Schams e.V. leistet unmittelbare Hilfe, um Kinder vor Hunger und Not zu schützen. Schwerpunkte der Projekte sind Bildung, psychosoziale Betreuung und die Förderung des kreativen Potentials der Kinder, um sie zu ermutigen, ihr Leben und ihre Zukunft nach ihren eigenen Vorstellungen zu gestalten.

Alle unterstützten Einrichtungen arbeiten – wie in der Satzung von Schams e.V. fixiert – unabhängig von der Konfessionszugehörigkeit und der ethnischen Herkunft der syrischen Kinder.

Das Engagement ist ehrenamtlich; die von Schams e.V. gesammelten Spenden und Gelder aus Benefizveranstaltungen kommen zu 100% syrischen Kindern und Jugendlichen zugute.

Weitere Spenden sind sehr willkommen:

Schams e.V., Kreissparkasse Tübingen
IBAN: DE88 6415 0020 0003 3335 16
BIC: SOLADES1TUB

Bitte geben Sie bei Ihrer Überweisung als Verwendungszweck »Suppen für Syrien« an. Wenn als Verwendungszweck bei einer Überweisung auch die Adresse angegeben wird, wird automatisch eine Spendenbescheinigung per Post zugeschickt.

www.schams.org
#suppenfürsyrien

www.facebook.com/suppenfuersyrien